「人のため」にばかり頑張ってきたあなたへ

著　ジェス・ベイカー、ロッド・ヴィンセント
訳　佐藤やえ

The Super-Helper Syndrome:
A Survival Guide for Compassionate People

TOYOKAN BOOKS

For my Auntie Jean (1931–2020), the woman
who taught me how to like myself.

自分を好きになる方法を教えてくれたジーンおばさん（1931-2020）に捧ぐ。

THE SUPER-HELPER SYNDROME
A Survival Guide for Compassionate People
by Jess Baker and Rod Vincent

Authorised translation from the English language edition published by The History Press.
Japanese translation rights arranged
with The History Press through Japan UNI Agency, Inc., Tokyo

はじめに

◆ロッド・ヴィンセントより

寝室にこもり自傷行為を繰り返す少年に会おうとして、ピザを抱えてドア越しに呼びかける心理療法士。

帰りたいと叫ぶ母親を介護施設に置いたまま、車に戻って泣く女性。

大災害で地域全体から何百件もの電話が殺到する中で、隣人のための救急車を待つ老人の怒りをなだめようとする救急電話オペレーター。

家庭内でレイプを受けてきた、学習障害を持つ女性のために、受け入れ施設を探すソーシャルワーカー。

――ここに挙げたのは、私たちがこの本の準備をしていた頃に、話をうかがった人たちの一部です。読者の皆さんもご存知と思いますが、こんなふうに、人を助け、誰かの役に立とうとする人は、その裏側で、心の傷になるようなつらい出来事に耐えています。

最近の研究では、医療や福祉の現場でケア労働に従事する人たちや、日常的に誰かのお世話をしている人たちの多くが、心身の不調を感じていることが明らかにされています。その背景には何があるのでしょう。過酷な現場で受けるストレス、あるいは改善される見込みのない長時間労働や低賃金といった現実的な問題でしょうか。本質的な問題は当事者の心の内に潜んでいます。有償・無償にかかわらず人のお世話をしている人たち（援助者）を衰弱させる要因であり、人を助ける行為（援助）の本質に関わる問題です。この「心の内に潜んでいる問題」とは何なのか――それがこの本のテーマです。

私たちは実践的な心理士として経験を積みながら、長年にわたってこの問題を議論してきました。それらのことを土台にして、この本を書きました。執筆中は二人でパソコンの前に並んで座り、一つ一つの単語の使い方まで話し合いました。

ただ、本書のコンセプトは、もともとジェスの研究から生まれてきたもので、ジェス自身の人生のストーリーとも密接に絡み合っています。ですから、ここから先はジェスに語ってもらうこととします。

◆ジェス・ベイカーより

私、ジェス・ベイカーは、医療現場でキャリアをスタートさせ、ここ15年ほどはチャータード・サイコロジスト（訳註：英国心理学会公認の心理資格の総称）として働いてきました。その間に、インタビューや質問調査の形で、[*i-a]何百人もの援助者と呼ぶべき人たちの経験を聞きつづけてきました。その一部はケア労働の専門職の人たちですが、多くはそうではありません。

最近私がコーチング業務を依頼されたクライアントには、地質学者、会計士、弁護士などの人がいました。どの人も本書に登場する多くの人たちと同じように、人生のあらゆる局面でほかの誰かのことを気にかけている、正真正銘の援助者です。援助する相手は、家族、友人、地域や職場の知り合いにとどまらず、見知らぬ人の場合もあります。それぞれの仕事の上でも誰かを助けることが求められていました。

とはいえ、人を助けることとまったく無関係な仕事などあるでしょうか。スーパーマーケットで一番上の棚からビンを取ってあげる店員さん、野外フェスの会場でキャンプできる場所に案内する係員の人、自信喪失気味の学生を励ます大学教員、サーモスタットの交換作業をかってでるボイラー技師など、誰もが人を助ける行為をしています。さらに言えば、仕事以外の場面でも、援助は人間の最も基本的な行為の一つです。日常生活の中のあらゆるところで目にします。面接を受けた友人にメールで「どうだった？」と尋ねること、友人の新しいプレイステーションをセッティングしてあげること、旅行者にお城の方角を教えてあげること、それにフェンス越しにテニスボールを投げてあげることも、すべてがそうです。誰かを助ける行為は、私たちの身の回りのあらゆるところにあります。それがまったくない人間関係など、ほとんど考えられません。

本書には仕事としてだけでなく、援助が生き方そのものになっている人たちも登場します。

私はときどき、自分の全人生を、誰かの世話をすることに費やしてきたように感じます……おおむね人を助けてばかりの人生です……人の力になれない時は罪の意識を感じます……子どもの頃からずっと、ほかの人のためにたくさんのことをしてきました……みんながそれぞれの問題を抱えて私のところにやってくるのです。

この本のアイデアが漠然とした形を取りはじめたのは、20年ほど前のことです。当時、私は、イギリスのアストン大学で質的研究に従事していました。イギリスの国民保健サービス（National Health Service：NHS）によるスタッフ・サーベイという、医療従事者向け質問調査の下準備として、分厚い資料集を抱えてイギリス国内のあちこちに出かけては、調査対象となる医療従事者の方々に説明し、意見をもらっていました。その後、臨床サイコロジーの実習を受けていた頃は、いくつかの介護施設で、ケアの質を評価する認知症ケアマッピングという手法の研究に取り組みました。

私はこれらのすべての現場で、献身的な援助がおこなわれているところを目撃しました。そして、すべての現場で、職員の方々が自分の問題はすぐに後回しにして、援助を最優先にしていることに気づき、驚かされました。やがて私は、このようなことが誰からも問題視されてこなかったのはなぜだろうと、疑問に思うようになりました。援助する人自身も周囲の人たちも、どうしてこういう状態をあっさり受け入れているのでしょう。

このような人々のことが徐々にわかってくるにつれ、その行動に関する二つの問題が私の頭を離れなくなりました。一つは、人を助けようとしがちなその心の動きが、場合によっては、「助けずにいられない」という強迫観念を帯びかねないということ。そして二つ目は、他者のことを気にかけるあまり、自分自身の問題や困りごと（自分のニーズ）をおろそかにしがちだということです。私は、この二つが合わさった状態を「スーパーヘルパー・シンドローム（Super-Helper Syndrome：SHS）」と呼んでいます。つまり、**「自分の幸福をおろそかにしてまでも誰かを助けずにいられない人」**のことです。

◆スーパーヘルパー・シンドローム（SHS）

このSHSという概念は、私のオンラインプログラムを受けてくださった何百人もの方々との、何千時間にも及ぶコーチングや相談の中から生まれてきたものです。本書では、SHSの人の心の奥で何が起きているかを明らかにするために、心理学や神経科学の研究も引用しながら、それらをなるべくわかりやすく書くように努めました。その上で、統計学的に解析された研究結果をもとにして、思い切っていくつかの結論を導き出しました。それらについては、引き続き議論があることでしょう。とくに行動科学の世界では、どんな主張に対しても反論があるものです。それが科学の本質なのです。

ＳＨＳの最後の「Ｓ」は「シンドローム（症候群）」の略ですが、この言葉を使ったのは、何かの種類の医学的状態や性格のタイプを示すためではありません。私が持っている辞書を見ると、「シンドローム」の項目の2番目に、「意見、感情または行動が特徴的に組み合わさっている状態」とあります。この言葉はその意味で用いました。

私は依頼主の誰かに「ＳＨＳの人」というレッテルを貼ったことは一度もありません。ＳＨＳという言葉は、「援助せずにいられない」状態と「自分のニーズに対処しない」状態とが重なったらどうなるかを示す、便利な通称のようなものとして考案したものです。ですからそれは、一つの複合的な状態を表すラベルであって、人を指すためのラベルではないのです。

ただ、これまでのところ、私がこの概念について説明すると、聞き手の皆さんから共感が示されることがたびたびありました。何かの問題に名前がつくと、それだけで安心できることがあるものです。名前がつくことで、自分だけではないと気付くきっかけにもなりますし、どこかに答えがあるということが何となく感じられるのです。その意味で、ＳＨＳは、自己認識を促すための用語でもあります。誰かのイメージを固定する意図はありません。

またとくに強調したいことは、特定の集団――とりわけ女性――についての誤認を強化したり、援助者の方々をおとしめたりするためのラベルではまったくないということです。

この本は、職業やジェンダーにかかわらず、援助者と言うべきすべての人のために書きました。ですが、ケアの役割を担うのは、ほとんどが女性であるということは認識されるべきでしょう。成人による社会的ケアの全職種のうち80％を女性が担っていることが明らかにされています（編注：パーセンテージはイギリスにおける数字）。

イギリスのジャーナリストで女性権利活動家のキャロライン・クリアド＝ペレスは、著書『存在しない女たち』の中で、無償のケア労働のほとんどを女性が担っていることを指摘しています。彼女によれば、それは単に選択の問題ではありません。「女性たちの無償労働は、社会を支え、社会に利益をもたらしているものだ」[*i-1]と彼女は書いています。また、哲学者のケイト・マンは、この社会が女性たちに、ケアや愛情、情緒的支援をはじめ、いかに多くのことを差し出すように強いているかを明らかにしました。マンの著書『ひれふせ、女たち』では、女性には人間的存在（human beings）ではなく「人間的与える者（human givers）」[*i-2]になることが期待されている、と書かれています。さらに、介護、気配り、慰め、心遣いなどのように、女性たちが財やサービスとして提供することを期待されるものを、「女性にコード化された労働」[*i-3]と定義しています。

◆援助者

本書では、他者を助ける人の総称として「援助者」という言葉を使っています。場合によっては、有償で働く援助者のことは「ケア労働者」と表現しました。

その一方で、無償の援助者を「ケアラー」と表現することはなるべく避けました。とくに最近では、その人に頼りきりになっている誰か（家族など）を長期的に介護しているような場合に、この言葉が用いられますが、第7章で取り上げるように、そうした不健全な援助関係にある人こそ、もっと重大なＳＨＳに移行している可能性があるからです。なお本書では、介護やケアを受ける人、助けられる人のことをまとめて「被援助者」と表現することもあります。

私のコーチング業の依頼者には、ＳＨＳに陥っている人がたくさんいます。自分のエネルギーが尽きてしまっても、誰かに助けを求められれば応じようとする人、空っぽの状態でも人助けを続け、それを普通のこととして受け入れている人たちです。そういう人は自分の限界のせいで他者の面倒をみられないときは、涙を浮かべて挫折感を味わいます。助けることが自分の役割だと信じていますから、逆に、自分を助けてほしいと頼むことには抵抗感があります。自分の体にストレスの徴候や虚脱症状が表れたりしない限り、他者からの援助を受け入れることはありません。

本書では、そもそもこうしたＳＨＳの状態に陥らないようにするための、現実的なアドバイスを提供します。自分はＳＨＳに陥りやすいと認識している人のために、援助のあり方が不健全にならないようにする方法も書きました。**援助者は自らの心身を健やかに保っていられてこそ、人をケアする力を思い通りに発揮できる**のですから。

そして願わくは、援助者のパートナー、家族、友人、同僚の方々、それに、職場で援助的な役割を担う人の管理や教育を担当する方々にも読んでいただきたいと思います。すでに指摘したように、援助者は自分を助けてほしいとは言えない性質を持っています。本書を読むうちに、あなたと関わりのある誰かがＳＨＳに陥りやすい兆候を示していることに気づくかもしれません。そのときは、その方々を支えるための最良の方策を見つけていただけるでしょう。

目次

第2部 スーパーヘルパー・シンドローム（SHS）

第3部 健やかに助ける

※本書は、『The Super-helper Syndrome: A Survival Guide for Compassionate People』を底本とし、日本語版としての編集を加えています。

※心理職関連の用語について、本書では以下のように訳しています。日本と原書が書かれたイギリスでは資格認定要件等は異なりますが、読み進めやすさを加味して近しい日本語表記としています。

・psychologist　心理士
・clinical psychologist　臨床心理士
・chartered psychologist　チャータード・サイコロジスト（英国心理学会公認の心理資格の総称）
・psychotherapist　心理療法士
・psychoanalyst　精神分析医
・business psychologist　経営心理士
・organisational psychologist　組織心理士

※原注は「章番号－アルファベット」、引用文献は「章番号－数字」で表記しています。はじめに（introduction）はｉ、序章（preface）はｐを章番号の代わりとしています。

序文

援助は人間の本性か？

人を助ける行為は、私たちの身の回りのあらゆるところにあります――援助は人間にとって欠かせない当たり前の営みであって、人と人とのつながりの土台になるものです。中には、人を助けることは自分の生き方そのものだと言う人もいます。つまり、その人のアイデンティティの核心なのです。人は、何かを考えるまでもなく、援助の手を差し伸べてしまうこともあります。

ところが、世界の偉大な思想家たちの言葉を信じるなら、他者を助ける人など存在しないはずです。というのも、多くの思想家が、あらゆる人間の行動は本質的に利己的だと言っているからです。例えば、アメリカの評論家、アルフィー・コーンは、著書『The Brighter Side of Human Nature（人間性の輝かしい側面）』の中で、「惜しみなく他者を助ける行為とは、利己心という果てなき砂漠に立ちのぼる蜃気楼にすぎない」と書いています。少し冷静に考えれば、すぐにその通りだと思えます。私たちは今、いろいろなメディアから、戦争、暴力、犯罪、政治家の傲慢なふるまいなどをしょっちゅう見せられています。そんなふうに人が人を傷つける姿を、いやでも突きつけられるのですから。

人間性に対するこうした見方は、西欧の偉大な哲学者たちから受け継がれてきたものです。近代政治思想の先駆者であるトマス・ホッブズは1650年に、互いに争うことが人間本来の状態だと説きました。

これによってあきらかなことは、人々が、彼らすべてを畏怖させる共通の力を持つことなく生活しているときには、彼らは絶えず戦争と呼ばれる状態にあること、そして、その戦争は、各人の各人に対する戦争であるということである。*p.1

人間をしっかり抑え込んでおくための唯一の方法は、全体主義国家による圧政状態であるとホッブズは信じていました。

オランダの社会哲学者、バーナード・マンデヴィルは、人間が利己的で堕落していなければ社会は機能しない、とまで言いました。彼の風刺詩「ブンブンうなる蜂の巣」では、ある蜂の群れが、これからは皆が正直者として善き生き方をしようと決めます。すると悲しいことに、その群れはやがて崩壊してしまいます。「国家の天恵はかくも偉大であり　罪の部類も偉大な国家をつくるのに役立った」*p.2
──つまり、国を豊かに繁栄させるには、不正直であることが必要だったというのです。

フリードリヒ・ニーチェは、全体主義者やファシストを煽動したり正当化したりするために利用された「超人」という概念を説いた人です。そんなニーチェから見れば、SHS（「超援助者」とでも言えるでしょうか?）について書かれた本など、胡散臭いものでしかなかったことでしょう。ニーチェは、人間の本質は不完全であり、力によってしか生き延びられないと考えたのですが、それだけにとどまりません。彼の最も有名な作品『ツァラトゥストラはこう言った』の中では、彼の分身が、私たちの主題である「誰かを助けずにいられない」心の動きの一つ〝compassion（あわれみ、思いやり、同情）〟を否定しているのです。

> そう、私は、同情することで幸せになれる憐れみ深い者たちが好きではない。彼らは恥というものを知らなすぎる。
> 同情しないわけにはいかないとしても、同情しているとは言われたくない。同情してしまうときでも、遠くからするほうがましだ。[*p-3]

もちろん、もっと寛容な見方をした哲学者もいます。例えば、デイヴィッド・ヒュームやイマヌエル・カントがそうでしたし、もっと最近では、スティーブン・ピンカーもそうです。ピンカーは著書『21世紀の啓蒙』の中で、さまざまなデータを駆使しながら、人類が世の中を少しずつ良くしていることを示しています。

ピンカーは、ニーチェのような考え方が二つの世界大戦を誘発したというのに、21世紀になってもその影響が衰えていないことを嘆いています。また、政治哲学者のクリスティン・レンウィック・モンローは、博愛主義者や英雄的な援助者、ホロコーストから人々を救出した人などの感動的なストーリーを集めて紹介しました。モンローは、人間のふるまいの少なくとも一部は、純粋に利他的なものだと考えたのです。

さて、ここにきてようやく異なる見解が登場しました——利他的なものの見方です。モンローによれば、「ほかの人たちが見知らぬ人を見るところに、利他的な人たちは仲間を見る」のです。

科学の世界に目を向けると、やはりネガティブな見方が優勢になる時期がありました。例えば、人類の進化をランダムな遺伝子変異の連なりとして説明する進化生物学の考え方では、利他性を説明するのは容易ではありません。そのため、ニーチェの哲学が利用されてきたのと同じように、進化生物学者たちはチャールズ・ダーウィンの発見を応用しながら、暴力や競争行動を正当化しました。我が子の活躍に熱狂するあまり、ラグビー場のタッチラインのところに立って、「いいぞターキン、そいつの頭をぶん殴ってやれ！」などと叫んでいる親は、「一番元気な奴が生き残る（survival of the fittest）ってことだ」と主張して自己弁護するかもしれません。

ですが、このターキンのパパは、進化論を部分的にしか理解できていません。ダーウィンが『種の起源』で述べた本来の「fittest」とは、「一番良く適応した者」が生き残るという意味の言葉です。つまり、周囲の環境に最もよく適応できた生物が生き残るのです。そして環境に適応するためには、確かに強さや攻撃性、競争力などが求められる場面が多くありますが、それだけでなく、養育行動も必要だと考えられます。例えばオランウータンの母親たちは[*p-a]、生まれた子どもと密着しながらの生活を7年前後も続けます。ほかのどの哺乳類より長い、この本能的な子育て期間中に、変化に富む生息環境への適応の仕方を教えていると考えられます。

その一方、野生動物の間では、自分という個体の利益や安全が脅かされたとしても、仲間の群れを守ろうとする行動が見られることがあります。進化生物学者たちは、こうした行動を説明するために、血縁選択という理論を考案しました。また「互恵的利他主義」（援助行為には互いに見返りがあるという概念）もそこから生まれました。これによって進化生物学者たちは、本質的に利己性が背景にあることが暗示される自然選択の理論を手放すことなく、利他的に見えるさまざまな行動の説明をつけることができたのです。

1976年にリチャード・ドーキンスが『利己的な遺伝子』を出版すると、あらゆる行動は利己的であるという主張に、万人受けする新たな根拠ができました。私たち人間は、永遠に自己複製することだけを目的とする邪悪な遺伝子の意のままの存在だったのです。人は生まれながらに利己的なのだから、もし利他的にふるまおうとするなら、自らの生物学的特性に逆らうしかない、とドーキンスは考えました。「私たちは、遺伝子という名の利己的な分子をやみくもに保存するべくプログラムされたロボットの乗り物——生存機械なのだ」[*p-4]

私は最近、この本の40周年記念版を買わざるを得なくなりました。たくさんの書き込みをした大切な1976年版のペーパーバックを、引っ越しで失くしてしまったからです。購入した新しい版のエピローグを読むと、ちょっとした見直しがあったことがわかります。ドーキンスは、遺伝子群が世代を経て受け継がれていく間には、ほかの遺伝子群と出会いつづけ、互いに協働していくということを強調しています。そして、「ゆえに本書は『協働する遺伝子（The Cooperative Gene）』というタイトルにしてもよかったのだ」[*p-5]とまで言っています。人を助けることには何らかの遺伝的なルーツがあるということに希望が感じられる言葉です（これについては、またのちほど説明します）。

経済学者たちも、人間性にあまり信頼を置いてきませんでした。彼らはよく、利他的に見えるものを"good"（価値があるもの）とみなしました。ここで言うgoodは良いことという意味ではなく、売ったり買ったりできる商品《グッズ》のようなものだという意味です。つまり、私たちが人を助けるのは、物質的にしろ心理的にしろ、何かの見返りが手に入る場合に限るということです（例えば、誰かを助けることでいい気持ちになるといったタイプの見返りは、「心的効用」と命名されています）。

この考え方から、経済学者たちが利他性を説明する際には、生物学の場合と同じように、互恵性という概念が重要になりました。そしてそれは、援助について考える上でも重要です。なぜなら、利他性を信じるかどうかにかかわらず、互恵性は援助の動機を考える上で、重要な項目の一つだからです。この話題は第2章で取り上げます。

アダム・スミスは、おそらく人間性について書き記した最も偉大な経済学者でしょう。スミスは初期の頃に、同情（sympathy）を探求しましたが、その内容は、共感（empathy）がいかに援助行動を動機づけるかについての現代の研究ときわめてよく似ています（この共感という概念は、本書で探求するトピックの一つです）。ただ奇妙なことに、スミスは2冊の著書で、相反する見解を示しています。

彼は『国富論』では、人間は本質的に利己的であると主張しているのに、『道徳感情論』では、人間にはどこか他人のことを心にかけずにはいられない性質があって、「他人の幸福を目にする快さ以外に何も得るものがなくとも」*p.6 その幸福を大事に思うと認めているのです。聞くところによると、ドイツの経済学者たちは、この矛盾のことを「アダム・スミス問題」と呼んでいるそうです。

私自身が所属する心理学の世界でも、比較的暗い考え方が支配的な時期がありました。ジークムント・フロイトは、人の行動は無意識による利己的衝動と、自我を守ろうとする心理が合わさって表れるものだと考えました。確かに、現在では多くの社会心理学者が「向社会的行動」（訳注：ほかの人や社会のためになる行動。「反社会的行動」の反対語）を研究していますが、実はそのきっかけになったのは、援助行動がなされなかった衝撃的な事例でした。最も有名なのは、1964年にキティ・ジェノヴィーズという女性が殺害された事件です。このとき、彼女は助けを求める叫び声をあげたのに、38人もの人が知らないふりをしたことがニューヨーク・タイムズに報じられたのです。[*p-b]

傑出した研究者は、ダニエル・バトソンです。バトソンは利他行動が存在することへの反証（存在しないという証拠）を30年間も追求した人です。彼の一番有名な実験では、[*p-c]プリンストン神学校の学生たちに聖書の教えを説く説教の準備をさせた後、その会場となる別の建物に徒歩で向かわせました。途中で学生たちは、路地に倒れた男性がうめき声を上げているところに通りかかります。この実験でわかったことは、急いでいる学生ほど、立ち止まって助けようとはしないということでした。彼らは人を助けることの意味を説く「善きサマリア人」をテーマにした説教をしに行く途中だったにもかかわらずです！　中には、苦しむ男性をまたいでいった学生もいたということでした。

このように、哲学、経済学、生物学、心理学の世界では、人の行動の多くが利己的な動機によると考えられてきました。このことを踏まえると、私が出会う援助者の皆さんは、社会の中では少数派なのかもしれません。だからこそ、過剰な負担がのしかかっているとしても不思議ではありません。私たちは、彼らが難局をくぐり抜けていけるように、力添えをすべきだと考えるのです。

第1部

助けてあげたいという気持ち

型を知る——あなたのタイプは？

私たちは、人生で一番大切なことについては、ほとんど何も教えてもらえません。それはちょっと不合理ではないでしょうか。

例えば、人はいかにすれば良き恋人になれるでしょう。あなたはそんなことくらい当然知っていると思うかもしれません。でも、それを教えてくれるプログラムなんてどこにもありません。あるいは、子どもは生まれたと思ったら、あっと言う間に大きくなりますが、あなたは10代の子の親になる方法なんて勉強した覚えはないはずです。会社に行けば、ある日いきなり「チームを率いてもらうことになった」と告げられるかもしれません。それまであなたのロールモデルと言える人は、さえない部長くらいしかいなかったのに——。そんな例はいくらでもあります。揉めごとを解決する方法や、お金の管理の仕方を教えてもらったことはありますか？　では、人を助けることはどうでしょう？

人を助ける行為は日常生活のどこにでもあります。ですが、それについて細かく調べてみようとする人など、ほとんどいません。「援助」という行為が何を意味するのか、どうすればそれがうまくできるのか、といった問題に真正面から取り組んだ書物は、驚くほどわずかしかありません。ケア労働に従事する人でさえ、援助の技法については、期待されるほどには教えてもらえません。重点が置かれているのは技能面の教育です。それは不可欠なことではありますが、それだけでは不十分です。

もしも援助行為を慎重に分解し、実際に機能している〝部品〟をテーブルの上に全部並べてみたらどうでしょう。援助しているうちに不具合を起こす人がいるのはなぜなのかが、わかってくるかもしれません。そうすれば、ＳＨＳのことを語るための共通言語のようなものも手に入るでしょう。この章が終わる頃には、次のような問いに何らかの答えが出ているはずです。

・なぜ私のアドバイスは、みんなに受け入れられないのでしょうか？
・何もしないことが助けになるということはあり得ますか？
・目的さえ良ければ、それで十分ですか？
・どんな影響を与えたかがわからなくても、助けていることになるでしょうか？
・自助（セルフヘルプ）は有効ですか？
・援助されると、人は依存的になりますか？
・援助しようとする人が一番やりがちな間違いとは、どんなことでしょうか？

援助の定義

手始めに辞書を引きましょう。『オックスフォード英語辞典』を見ると、援助（help）とは、「人が労力や物質による手助けを申し出ることにより、（誰かが）何かをすることを容易にしたり可能にしたりすること」と定義されています。

この定義に「申し出る」という言葉が使われているところが私は気に入っています。この単語が入ることで、ある種の相談の余地があることや、援助の受け手が断る可能性もあるように思えるからです。ただ個人的には、この定義からもう少し踏み込んで、「それが望まれている場合にのみ、援助と言える」ということがはっきり述べられるといいと思います。

また、この定義では行為に重点が置かれすぎています。誰かが何かをすることを容易にする、とありますが、誰かがただそこにいるのを支えるという援助もあります。これは、ちょっとした言い回しの違いではありません。のちほど、さまざまなタイプの援助を見ていきますが、この「支えになること（サポート）」による援助はよく見過ごされるのです。心理職の人々は、相談者が心を落ち着け、自分自身のことを徐々に受け入れながら、ただそこにいることをサポートします。辞書にあるように、「労力や物質による手助け」だけが援助ではないのです。共感、思いやり、あるいは愛を示すことはどうでしょうか？　これらもサポートによる援助ですが、やはり見過ごされがちです。

この本では、援助の新たな定義を定めることにします。

援助とは、お互いにそれを望み、また必要とする状況で、誰かに「リソース」「情報」「専門技術」「サポート」のいずれかを申し出ることで、その人のために何かを容易にしたり可能にしたりすること。

援助は必ず、リソース（労力、ものなど）、情報（知識、知らせなど）、専門技術（特技、知らない技術など）、サポート（支え、共感、励ましなど）の四つのタイプによって提供されます。

私たちが誰かを援助するときは、いつもこの四つのうちの一つまたは複数を提供しています。一番上の棚のビンを取ってあげるスーパーの店員さんは、労力というリソースを提供しています。プレイステーションを設定してくれた友人は、特技という専門技術を発揮して助けてくれました。ほかにも、同じタイプに属する二つの項目を同時に提供する場合もあるでしょう。

援助がうまくいかないときは、もしかすると間違ったタイプの援助を提供しているからかもしれません。助ける人が差し出していることと、助けられる人の期待することが一致していないのです。想像してみてください。あなたが横暴な上司のことで愚痴をこぼしたくなって、友達に電話したとします。すると友達は、あなたに代わって怒りだし、だんだん大声になって、あなたほどの能力と経験があれば明日にでも違う仕事を見つけられると断言します。そして、上司に、辞表を突きつけてやるべきだと言います（情報による援助）。電話を切ってから、あなたは、本当はただ共感して聞いてくれること（サポートによる援助）を望んでいただけなのに、とつぶやくのです。

四つのタイプをよく見ると、さまざまな援助の場面で、どれが有効でどれが有効でないかがわかってきます。これから一つずつ検討していきますから、自分がどのタイプの援助を一番よくおこなっているかを考えましょう。そうするうちに、あなたは援助者としての自分独自のスタイルに気づけるようになりますし、自分がどのくらいSHSに陥りやすいかもわかってくるかもしれません。

援助のタイプ1：リソースの提供

あなたは、いつもほかの人たちのために、何かをしてあげていますか？

きっと返ってこないとわかっていても、自分の持ち物を人に貸してあげますか？

勘定書きに、真っ先に手をのばすほうですか？

もしこれらに当てはまるなら、あなたは、私がこの本のためにインタビューした多くの人たちと似ています。寛大な心を持ち、物惜しみをしない人たちです。ただ、そのような人は何かを所有していることが、それを持っていることへの罪悪感につながる場面が多いのです。とりわけSHSに陥っている人は、何かのリソースを持っていると、それを持っていない誰かに提供してあげなければならないと感じます。そして、いったんそう思いはじめると、自分のリソースを配りつづけてしまうのです。

リソースには、労力、ステータス、場所、もの、財力といったことが挙げられます。どのリソースも、あげたり貸したり引き受けたりすることそのものにまつわる問題のほかに、独自の注意点があります。

まず、「労力」は誰かのために何かをしてあげるという行為そのものです。買い物中に荷物を持ってあげる、近所の人を車に乗せて病院に連れて行く、親戚の高齢者のためにネットで食品を注文する……どれもが労力です。労力を提供する人は、たいていいつも時間に追われています。自分がその場にいなくても、「彼女にそれをしてあげるように、息子を向かわせました」のような形で労力を提供しています。

労力は別のリソースを伴うこともよくあります。自分自身の「ステータス」を使って「彼のために人事部長に口添えする」、知人の持ち物を置くための「場所」を提供する、といったことです。自分の車が停められなくなってしまうのに、ガレージにアンティークのテーブルを置かせてあげた人もいましたし、誰かを家に入れてあげたばっかりに、出ていってもらうことができなくなった援助者も多くいました。

「もの」のカテゴリーには、傘から衣類、本、果てはワゴン車まで、何でもありです。「もの」の提供に関しては、私から聞いてみたいことが一つあります。

「あなたは、そのリソースを返してほしいですか？　もし返してほしいなら、どういう状態で？」

生来の援助者の人たちは、リソースを提供するときに、自分自身の権利を守ることが上手ではありません。インタビューした人の中には、貸した物が後日、壊れた状態で返ってきたり、まったく返ってこなくなったりすることへの不満を口にする人もいました。私は15歳のときに友人の母親から、カバンいっぱいの心理学の本を借りたことがあります。私はそれを夏の間中、持って回ってバスの中や公園で読みました。私が本を返したとき、友人の母親は、私に何を言うでもなく、傷んだカバーを大事そうになでたり、端が折れたページを指で伸ばしたりしていました。私は今でも、期待された通りに本を大切にしなかったことを、とても申し訳なく思っています。

金は借りても貸してもいかん。
貸せば金も友人も失い、
借りれば倹約精神が鈍る。*1-1

——シェイクスピア、『ハムレット』、第一幕第三場、ポローニアスの台詞

「財力」による援助の場合は、そのリソースをどうやって返してもらうかが、一層悩ましい問題になります。お金は、気持ちをざわつかせるものです。SHSの人たちは、自分で払いきれないようなプレゼントを買ってしまうことがあります。決して返してもらえないお金を貸すこともしばしばです。最終的には、そのことで恨みをつのらせたりします。『ハムレット』の中で、学問のために旅立つ息子にポローニアスが忠告したように、そのせいで友情が壊れることにもなりかねません。

お金にせよものにせよ、貸したリソースを確実に返してもらいたいなら、契約を結び、あなたの考えを明確にしておくことが大切です。ただ、それは難しいと感じたとしても、そういう人はあなただけではありません。またのちほど、限度をはっきりさせることについて説明します。さしあたって、契約を結ぶとは、単にあなたがそれを返してほしいと思っていること、そしていつ、どのような状態

で返してほしいかということについて、前もって同意をかわすというほどの意味です。

援助のタイプ2：情報・知識を伝える

情報による援助をするのは、誰かに役立つ知識を教えてあげる場面です。リソースを手放すこととは違い、このタイプの援助では、ほかの人に情報を提供してあげた後でも情報は手元に残っています。例えば、本を読み終えて、誰かに面白かったという情報を伝えても、本そのものも内容の記憶も自分のところにあるままです。情報による援助では、自分のリソースが失われてしまう心配はありません。

世界中で日々起きている無数の援助の事例の中で、一番よくあるのが情報による援助です。あまりにありふれているので、とくに注目されないまま過ぎていきますが、ほぼすべての会話に情報を共有する行為が含まれています。買い物に行く際に「卵を忘れないで！」と言われること、お隣さんから「今度バーベキューするとき、私はケバブの漬け込みを作るわ」と言われること、「来週の会議ＯＫです」とメールがくること、どれもこれも情報の共有です。

人が言葉を使っておこなうことは、本質的に情報による援助です。助言する、説明する、意見を返す、知らせる、物語を話す、注意を喚起するなど、どれもがそうです。ジェスチャーのような非言語的な情報もあり得ます。私たちはそんなふうにして、自分が大切だと思うあらゆる事柄を学ぶのです。

とはいえ、コミュニケーションは油断がなりません。あなたが伝えたことが十分に理解されたかどうかは、あなたには決してわかりません。誰かがあなたからの助言を実行に移したかどうかを知ったり、それが有効だったとわかることなど、めったにありません。情報による援助をおこなっても、相手に対していいことをしたかどうかは、必ずしもわからないのです。さらに言えば、情報は手軽なものですから、伝えられた側にしてみれば、また別の困ったところがあります。情報を受け取ったら、偽情報やフェイクニュース、広告、プロパガンダなどをフィルターにかけて除かなければならないのです。

上司の愚痴を聞いてほしかっただけなのに、上司に退職を突きつけることを勧めてくる友人の例を思い出してみましょう。あれはまさに、サポートによる援助が必要だったのに、情報による援助を与えてしまった例でした。今、私のかたわらには、マサチューセッツ工科大学の心理学者、エドガー・H・シャインが書いた『人を助けるとはどういうことか』という本があります。この本はこのテーマについて書かれた数少ない書籍の一つです。そこには「支援のさまざまな形」として26の事例が挙げられていいます。その一覧表を見ていくと、26例のうち15例は、私が「情報による援助」に分類したものに当てはまります。さらに詳しくみると、情報による援助のうち9例が助言です（なお、サポートによる援助の例は二つしかありません。心理学の名誉教授でもサポートによる援助は見過ごしがちなのです）。あまり知られていないことですが、このように、**すぐに助言を与えようとする行為こそ、多くの人がおこなう援助のデフォルトのタイプです。もしあなたが援助せずにいられない気持ちを持っているとしても、それは援助に固有の衝動と言えるでしょう。**

情報による援助は、事実や助言を伝えることだけではありません。その人が持っている見識を共有することでもあります。コーチングの仕事をしていて、最もやりがいを感じる部分の一つは、自己発見の火付け役になることです。人は自分の行動の原動力や潜在的な信念を理解したときに、ブレークスルーの瞬間を迎えます。情報による援助は、一番よくある援助の形の一つでありながら、一番強力な一つにもなり得るのです。

援助のタイプ3：専門技術の提供

SHSに陥りやすい人は、専門技術で人を助ける仕事に惹かれます。医療や社会的ケアの現場、専門家によるサービスの場所など、専門技術を使って援助できるところなら、どんな職場でも見つかります。

このタイプの援助のはっきりした特徴は、援助を必要とする人にはやり方がわからない何かを、専門家（またはそれが得意な人）が代わりにしてあげることです。リソースによる援助の場合、被援助者はそのやり方を知ってはいるけれど、単純に時間ややる気がないだけなので、そこが違います。

専門技術による援助というと、すぐに資格や権限のことが思い浮かぶかもしれませんが、そういうものが必ず必要というわけではありません。これは提供される援助のタイプの話であって、誰がその援助をおこなうかはとくに関係ないのです。もし、ある問題の専門家とみなされる誰かが、別の人にその問題について「教えて」いたら、それは情報による援助です。自分ではやり方がわからない誰かのために、別の人が代わりに「やってあげて」いたら、その人が専門家とみなされているかどうかにかかわらず、専門技術による援助です。

同僚の携帯電話の着信拒否設定をしてあげたり、ギターを習いはじめたばかりの友人のためにチューニングをしてあげたりすれば、それはあなたがその道のプロでなくても専門技術による援助です。私たちは、例えば靴ひもを結んであげるなど、多くのことを幼い子どもたちにしてあげますが、それも専門技術による援助です。

あることを知らない人も、別のことは知っている。

——アフリカのことわざ

専門技術による援助の正しい意味がわかったところで、そこに孕むリスクに目を向けてみましょう。専門技術による援助は、たいてい、当の援助者にしてみれば、やり方を教えるよりも自分でやってしまうほうが楽なものです。そこが曲者です。実際のところ、そもそも専門技術による援助を提供することを選ぶ理由の一つは、相手にやり方を教えるよりも、自分でやってしまったほうが早いからです。

情報による援助の場合とは違い、専門家は自分の知識を伝授するわけではありませんし、被援助者にしても、その出来事を経たところで受けた援助が身につくわけではありません。状況によっては、それで十分なのです——私はヘルニアを自分で治す方法を知る必要はありませんから——。

ですが、その気軽さが不必要な依存を発生させてしまうことがあります。親がいつまでも子どもの靴ひもを結んであげていたら、その子は決して靴ひもを結べるようにはなりません。そういうことにならないように、専門技術による援助を提供する前に、まずは、別のタイプの援助のほうが適切ではないかを検討するのが良いでしょう。

専門技術による援助は通常、ほかの援助と一緒に提供すると、より良い効果を発揮します。専門家は、急を要する状況では情報やサポートの必要性を見落としてしまうことがありますが、被援助者が望んでいるのは、単に何かをしてもらうことだけではないかもしれません。誤作動で警報が鳴って呼び出された技術者は、いつもならそれを解除して済ませてしまうところでも、時にはサポートの一環として、そのやり方を教えてあげることも大切です。医療従事者は、処置をしながら患者に話しかけるようにすれば、すべてがうまくいっているという安心感というサポートを与えられるかもしれません。

専門技術による援助では、どの程度の責任が伴うかという問題もあります。何か問題が起きたときには責任を問われかねないからです。これもまた、行動する前に援助のタイプを考えてみるべき理由の一つです。

専門技術による援助を提供することで、援助者が、ある種の権力を手にすることがあります。被援助者が援助者の支配下で無力さや弱さを感じたり、援助者がその力を乱用したりすることにも気をつけなければなりません。

最後に、専門技術による援助の提供者が援助せずにいられないタイプの場合、一番注意が必要です。

その人が友人や家族を愛していればいるほど、その人のスキルを無償で利用させてほしいと要求されかねないからです。インタビューでは多くの事例を聞きました。ある歯科医の女性は、パーティーの席で別の女性につかまってキッチンに連れて行かれました。その人は口を開けて頰を引っ張りながら、「欠けた歯を見てほしい」と言うのです。歯科医は思わず、ハンドバッグに入れていたミニライトを手に取ったそうです。

援助のタイプ4：共感や励ましを示す

共感する、励ます、元気づける、慰める、落ち着かせる——これらは、ここまで説明してきた三つのタイプとは違う形の援助です。サポートによる援助は、必ずしも問題を解決することではありません。そこがほかの援助とはちょっと違っています。

サポートによる援助は問題に対処しやすくするための援助です。このタイプの援助をメインにおこなう場合、誰かの問題解決を促すところに意義があります。被援助者が自分を助けるためのリソース、情報、専門技術をすでに持っていることに気づかせてあげる行為です。サポートは、ほかのタイプの援助を下支えする鋼鉄製の梁《はり》のようなもので、ほかのタイプの援助に加えて求められる場面が多いです。気づかれることは少ないかもしれませんが、ほかの援助を補強しているのです。

援助の中で一番やりがいがあるのが、サポートによる援助だと感じる人もいます。ですが、すでに書いたように、このタイプの援助は気づかれないことがよくあります。だからこそ、このタイプの援助は最も熟練を要し、手間がかかるものとも言えるでしょう。

なのに、残念ながら過小評価されています。具体的な結果をもたらす手段というより、あいまいなものとみなされたりもします。ビジネス上の管理スキルを教えるマネジメント・トレーナーの人たちは、これをソフトスキルと呼んでいますが、ソフトというよりは、もっと決定的に重要なことだと思います。ウェイン州立大学がん研究所のルイス・ペナーが、外来通院中の急性リンパ性白血病の子どもたちを調査したところ、親の「共感的関心」度が高い子どもほど、治療中の痛みや苦痛が少ないことがわかりました。[*1-a] そのような親は、子どもを守ったり慰めたりする傾向が高く、子どもの「正常化」をはかろうとする行動（治療中の子どもと遊んだり、おしゃべりしたり、本を読んであげたりすること）もよくみられました。この種の研究から、サポートによる援助の価値は明らかです。

サポートによる援助は、さまざまなやり方があります。笑顔でうなずいて理解を示したりするように、まったく言葉によらないやり方もあれば、気にかけていることを小声でささやくこともあります。誰かをハグしたり腕をさすったりする身体的なタイプもあります。逆に、まったく動かなくてもサポートを示せます——ベッドサイドにただ座っているだけでもいいのです。気づいているに越したことはありませんが、あなたは自分が援助していることに気づいていない場合もあるでしょう。それでも、今論じてきたような定義に当てはまればそれでいいのです。

時には、何もしないことがサポートになる場合さえあります。子どもが自分の寝室の模様替えをすると言い出して、集めたおもちゃやポスターの山を持ち出してきたら、親御さんはつい手を出したくなるかもしれません。ですが状況によっては、何もしないほうが役に立つこともあります。親が手を出さずにいれば、子どもが自分を表現することや、出来上がった結果に責任を持つことを知る、この上ない機会になるからです。

サポートによる援助は人間関係の質に大きく依存します。援助を受けるには、往々にして私的なことを打ち明けなければなりませんから、被援助者は弱みを握られたような気持ちになりがちです。

私自身、人生の中で危機的状況に陥った時期には、数年間を心理療法に費やしました。一緒にやっていけそうな心理療法士に出会うまでに、別の女性のセッションを2回受けました。その2回目のセッションのとき、彼女は、「始める前にちょっと、お尋ねしてもいい？　あなたが今日つけてるアイシャドウは何色？　あと、髪はどこで切っているの？」と聞いてきました。1回目のセッションで、私が多くの時間を使って、外見とアイデンティティにまつわる問題をかかえていると打ち明けたあとなのに、そんな質問をしてくるのです。サポートによる援助を効果的におこなうためには、相互に信頼し合う雰囲気を育みながら、お互いが安全だと感じられるようにすることが大事です。

サポートによる援助には、ほかのタイプの援助とは異なるスキルを使うことが求められます。中でも一番重要なのは傾聴です。静寂と忍耐にも役割があります。被援助者に話をする時間を与えるとともに、沈黙する間も待ってあげなければならないからです。こうしたことは誰もがうまくできるわけではありません。

このようなスキルを使っていると、傍目には何もしていないように見えるかもしれませんが、サポートによる援助を提供することは、援助者自身の内面のコントロールが要求されることであり、情緒的な代償を払ってこそできることです。エネルギーも使うので消耗するかもしれません。他者への思いやりを持つ人は、こうしたところに注意が必要です。

スポットライト1・1

あなたの援助はどのタイプ？

援助の四つのタイプ（リソース、情報、専門技術、サポート）について考えましょう。人生のさまざまな局面で、あなたが一番自然にしているのはどのタイプの援助でしょうか？　次の質問の答えを書き出してください（三つとも複数回答可です）。

・あなたが職場でしがちな援助はどのタイプですか？
・あなたが私生活でしがちな援助はどのタイプですか？
・あなたがめったにしない援助はどのタイプですか？

答えに何かのパターンがあるでしょうか。そこから、あなたが自分自身をどのような援助者に位置づけるかがわかるでしょう。回答には正解も間違いもありません。自分は特定の一つのタイプの援助をしがちだと気づく場合もあるでしょうし、四つのタイプすべてをしているとわかるかもしれ……ません。この段階では、援助者としての自分の姿をしっかり認識できるようになりましょう。

熟練した援助者は、音響ミキサーを操作するサウンドエンジニアのように、四つのタイプの援助のバランスをとるだけでなく、個々の援助の現状（どのような状態の上で、おこなわれているか）を直感的に把握しています。次に、この援助の現状を把握するための3要素を見ていきます。

援助の現状把握1：自律指向か依存指向か

援助の現状を把握する要素の一つ目は、被援助者に、将来的には自分の問題を自分で解決できるような備えをさせるのか、それとも、何度も助けを求めて戻ってこなければならない状態にしておくかの違いです。向社会的行動を研究する心理学者たちは、これを自律指向の援助と依存指向の援助と呼んでいます。本書の読者の皆さんにとって、この区別は重要です。なぜならSHSの人たちには、その人からの援助に依存する人（自律できない人）と、やっかいな人間関係に陥りがちという特徴があるからです。このような話が身に覚えのある方も多いでしょう。

私はPTAでただ一人のフルタイムで働く母親でした。たいていそうなんです。最初はお金のことで会計係を手伝うようになりました。それから、その人が辞めてしまったので、私が会計係を引き受けることになりました。そうするうちに会長が辞めたのでそれも引き継ぎ、いつしか私はあらゆることを管理するようになりました──おかしなことに、3年半もそうしていたのです（目を回しながら）。人助けも度が過ぎると、そうするのが当たり前のように思われてしまうことがあるんです。

──会計士、インタビューにて

私はコーチングを担当するとき、クライアントにはツールやテクニックを教えた上で、比較的長い間、なるべく口出ししないようにします（自律指向の援助）。ですが契約に含まれている通り、緊急時にはすぐに電話をくれるように積極的に勧めています。実際にクライアントが電話してきたときは、カッとなっているのをなだめたり、落ち込んでいるのを立ち直らせたりすることが私の仕事です。そのような電話では、直接的なアドバイスをしたり、即効性のある対処法を伝えることが多くなります（依存指向の援助）。**自律指向でも依存指向でも、その人がその瞬間に必要としているものと一致していれば価値がある**のです。

自律性を高めさせることは、必ずしも簡単ではありません。コーチたちがよく経験するのは、私が「セラピー・ゴーラウンド（回るセラピー）」と呼んでいる状況です。クライアントは最初のうちはやる気満々で現れます。ですが、その後はセッションのたびに、もう一度、どうすればいいか教えてほしいと言うのです。コーチは──なんとしてでも助けたいので──いろいろな戦略を試しますが、このセラピー・ゴーラウンドのクライアントには全然効きません。

コーチの提案に同意はしますが、何も行動を起こさないのです。毎週、毎週、通ってきますが、やがて、期待したほどのことが得られなかったと失望をあらわにしはじめます。本当に残念です。間違いなく助けを必要としているのに、こういう段階の人は依存指向の関係を続けることしかできないのです。

援助の四つのタイプを振り返ると、どれもさまざまな程度に、自律指向だったり依存指向だったりします。あなたがいつも提供している援助のタイプを考えるとき、このことを念頭に置いておくと良いでしょう。専門技術による援助は、本質的に依存指向です。リソースによる援助も依存を招きます。「釣りの仕方を教えてやれば、魚を与えなくて済む」という有名な魚釣りの例え話がありますが、まさにその通りで、情報による援助のいいところは、依存からの脱却を促す可能性が高いところです。一方、サポートによる援助は巧妙なゲームのようです。サポートによる援助は誰かが自分の問題を自分で解決できるようにしてあげることですから、表面的には自律指向の援助に見えます。ですが、あのセラピー・ゴーラウンドの状況や、援助者からの誘導次第では、依存的な関係に姿を変えかねません。そのような相手は本当に自律性を高めたいと思っているのでしょうか？

スポットライト１・２

自律指向か依存指向か

スポットライト１・１の回答をもう一度見てください。

・あなたの援助のタイプは、どちらかと言えば自律指向でしょうか、依存指向でしょうか？
・あなたの生活の中に、あなたからの援助に依存している人はいますか？
・その人たちがあなたに依存する度合いを、どのくらいコントロールできますか？
・その人たちのあなたへの長期的な依存を低減させる手段はありますか？

このスポットライトでもう一度、自分の経験を書き出してみてください。

私のクライアントの皆さんは3番目の質問について考えるときに、自分には何のコントロールもできないと、よく言っています。そういう人たちは、あまりに多くの人から援助を求められることを負担に感じています。

援助の現状把握2：想定型か応答型か

あなたはこれまでに、アドバイスを申し出たのに感謝されなかった経験はあるでしょうか？何かをしてあげようとして却下されたことは？

このような状況になるのは、あなたが申し出た援助が、社会心理学で言うところの「応答型」ではなく「想定型」だったからかもしれません。どのような援助行為も、この二つのどちらかに当てはまります。想定型援助は頼まれずにする援助、応答型援助は頼まれてする援助です。この違いは援助がうまくいくかどうかに影響する場合がありますから、私たちにとって重要です。ＳＨＳに陥りやすい人の性格上の特徴が、この違いに表れることもあります。

想定型援助より応答型援助のほうがいいと結論づけてしまうのは性急すぎるでしょう。少なくとも誰かにお願いされたときは、その人が何かをしてほしいことはわかりますが、すべてがそれほど単純ではないからです。想定型援助には確かに注意すべき点があります。典型的なのは、情報による援助の場合です——人は、頼まれなくても助言をするのが大好きですが、その逆に、助言されるのは大嫌いですから。

また、親であれば子どもの困りごとを何でも先回りして解決してやるのではなく、あえて黙って見守ることがあります。難しいことですが、子どもたちにやらせてみて失敗したときのダメージと、常に親が介入することで生じる長期的な親子関係へのダメージとを対比させて判断しなければなりません。

もう一つ注意すべきなのは、助けることになっていない恐れがあるということです。本書で決めた援助の定義に、「お互いにそれを望み、また必要とする状況で」という言葉を入れたことを思い出してください。先日、そのことが如実に表れた例がBBCラジオの『ウィメンズ・アワー』で放送されていました。番組には障害のある女性が登場し、道路の端で止まっていたときに、見ず知らずの人たちが「助けてほしいんだな」と想定して集まってきたと言いました。その人たちは彼女に道を渡りたいかどうか確認しないまま車椅子ごと抱え上げて運び、立ち去ってしまったそうです。彼女は意図せず道の反対側に置き去りにされた形になってしまいました。

こういう話をすると、想定型援助にはあまりいいことがないように聞こえます。そこでバランスを取り直しましょう。想定型援助が正しいこともあります。助けを求める余裕がない場合もありますし、助けを求めるべき状態なのに援助を頼むことを拒んでいる場合もあるからです。

私たちの家の隣に住んでいたパトリックは、しょっちゅう誰かを空港まで送り迎えしてあげたり、私たちが留守中は代わりに荷物を受け取ったり、庭に水をまいたりしてくれる人で、ほかの人を助けたいとは思うものの、自分を助けてほしいとは決して言わないタイプの人でした。誇り高きパトリックは、亡くなる前の1～2年ほど、重い病気を患っていましたが、それでも自分一人でやっていくことを望んでいました。ですが、彼は定期的に肺から水を抜くために、何度も病院に行かなくてはならないのだと私たちは知りました。彼は、体がつらかろうと、頑なに自分で運転して行こうとするだろうとも予想がつきました。ロッドがお手伝いしましょうかと申し出たとき、パトリックは丁重に断りました。それでも、ロッドが何度もさりげなく手伝いを申し出るうちに、パトリックはようやく快く応じてくれるようになりました。私たちは、そもそも援助を申し出るべきなのか、二人のどちらが言うのがいいかについて、長いこと話し合い、想定型援助がうまく機能することを目指しました。

スポットライト１・３

想定型援助の落とし穴

あなたは次のような覚えがあるでしょうか？

・必要とされていなかったり、望まれていなかったりした場面で、想定型援助を申し出たことがありますか？

・想定型援助が必要とされていたのに、それを申し出なかったことはありますか？

もし一つ目の質問に当てはまることが多くあったなら、それは援助せずにいられない状態の兆候かもしれません。またあとでその話題が出てきますから、心に留めておいてください。もし二つ目の質問のほうが思い当たることが多いなら、自己主張（アサーティブネス）に関係があるかもしれません。アサーティブネスは援助者にとって重要なトピックですから、第10章でまた論じます。

ＳＨＳで苦しんでいる人をサポートすることの難しさの一つは、その人たちが自分を助けてほしいとはめったに言わないところです。ですから、もしそういう人を助けたいなら、想定型援助をするしかありません。

> 私はこれまでずっと、あまりに遠くにいた
> そして手を振って合図することもなく溺れていた
>
> ——スティービー・スミス、「手を振ることもせず、溺れる」

誰かがあなたに助けを求めていることがわかっても、その人が何を必要としているかが必ずはっきりわかるとは限りません。援助がうまくいかない一番よくあるパターンは、解決策が問題にうまく合っていない場合です。ビジネスの現場で言えば、取引先と業者の関係を悪化させる、よくある筋書きです。取引先は「君たちは、こちらが望んだことをやっていない」と言い、業者は「あなたは何を望んでいるかを言わなかった」と返すのです。ここまで読んで、間違ったタイプの援助を提供することの問題がわかっていただけたと思います。要望が具体的に示されている場合でも、この上なく単純な状況でない限り、わからないことは尋ねてみるのが大事です。さまざまな解釈の余地がある状況ならなおさら、応答型援助をする前に、何が求められているかを必ずはっきりさせましょう。その作業

を被援助者とともにおこなえば、本当に必要とされていることをはっきりさせ、解決策を決めるプロセスに被援助者にも加わってもらえます。

どのような援助が望ましいかを見定めるには、多様な論点を明らかにするのが有効です。

◆事実の収集

・どういう経緯でこの状況になったのか？（その人たちはどうやってそこに至ったのか？）
・今、何が起きているか？
・ほかに関与している人はいるか？
・その人たちはこれまでにどんな対応をしてきたか？

◆見解を探る

・その人たちは今の状況をどう感じているか？
・何が起きてほしいのか？
・それを成し遂げるためには何が必要か？
・どのタイプの援助をしてほしいのか？
・あなたにどんな援助ができるか？

◆代替案を見つける

・その人たちにどのような選択肢があるか？
・あなたに、ほかの選択肢を提案してもらいたいと思っているか？
・ほかに関わってもらうべき人は誰か？

◆実効性を検討する

・その人たちは、どのようなリソース（時間、資金、接触など）をすでに手にしているか？
・誰が何をしようとしているか？
・それをいつ始める予定か？
・それはいつ実行されるべきか？
・どんな関与があなたに求められているか？

援助の現状把握3：ステータスが高いか低いか

社会心理学者のエドガー・H・シャインは、人が助けを求めない理由の一つは、援助を必要とすることで「一段低い位置《ワン・ダウン》」に身を置くことになる[*1・2]からだと書いています。助けを求めるとき、その人は、ほかの人がとくに必要としないものを自分は必要とする状況にあることを認識しています。援助を頼む相手には、その状況を改善する力があるとわかっています。私たちの隣人のパトリックは、そういう「一段低い位置」の感覚になりたくなくて、援助を断りつづけたのかもしれません。

シャインは、「たびたび支援を求めなければならないと、屈辱を感じるのである。米国の文化ではこんな警句をよく耳にする。『真の男は道など尋ねない』[*1・3]」と書いています。こういうことは、よく耳にする気がします。ですが、シャインの言葉はそれで終わりではありません。アメリカのような文化では、「さまざまな種類の手伝いを利用していることを認めたがらない[*1・4]」とまで言っているのです。そもそもどんな援助関係も、「クライアントは一段低い位置《ワン・ダウン》にいるため、力が弱く、支援者は一段高い位置《ワン・アップ》にいるため、強力である[*1・5]」とまとめています。

確かにそうした関係性もありますが、どんな援助関係もそうであるとまとめてしまうことに私は混乱します。**なぜなら、援助者のほうが一段低く、弱い立場になる例が容易に思い浮かぶからです**――店員さん、ホテルのスタッフ、医療従事者、家政婦さんなど。

援助にまつわる人間関係が力の不均衡を生み出すという点には同意しますが、私はもう少し柔軟に、ステータスという概念を使って考えたいと思います。ステータスは地位や身分というよりは、よくゲームで見かけるライフポイント（生命力）やヒットポイント（耐久力）などの数値のようなもので、そのときどきの状況に応じて変化します。助けを求める人は、ステータスの低い状態にあることも、その逆のこともあります。それは、求めている援助の脈絡や援助者の役割、それに関係する人たちの性質（強気の人か弱気の人か、など）によって変わるのです。数年前、クリスマスパーティー向けのゲームの中で即興劇を取り入れたことがあります。参加者たちには、ある会社のCEOか清掃作業員かのどちらかを演じながら、高いステータスと低いステータスを交互に切り替えることを求めました。ステータスの高い清掃作業員を演じようとするときなどは、身振りと声の調子の使い方ひとつで、いかに力を得ることができるかに驚かされました。

ステータスは、あらゆる援助の現状を把握することにおいて重要な要素です。すでに見てきたように、人はステータスをなくすことが予想される状況では、助けてほしいと言わないようにするかもしれません。反対に、援助者が高いステータスにない場合は、ストレスだらけのケアの現場にうまく対処できず、難しい仕事が一層困難になったりするかもしれません。

本章を終えるにあたって、最後に一つ答えておきたいことがあります。「自助（セルフヘルプ）は有効ですか？」と聞かれたら、私の答えは、もう絶対に「イエス」です！　これこそこの本の一番の狙いです——援助する人たちに、自分を助ける方法を知ってもらうことです。

第2章

動機を知る――お金か、愛か？

人を援助行為に駆り立てるものは何でしょうか？　それがわかれば、援助せずにいられなくなる原因を探ることができるでしょう。人は「援助するかどうか」をどうやって決めるのでしょう？

驚かれるかもしれませんが、ある研究グループが次ページのような式を提唱しています（この式を覚える必要はありませんので、どうかご心配なく！）。*2-a

この式（原注2-aの論文タイトルにならって、SAVE式と略称します）は、向社会的行動に関する膨大な研究成果をまとめたものです。あなたが誰かを助けるかどうかを決心するときに、心の中でひそかに起きていることが、もれなく見事に組み込まれています。計算の詳細はさておき、**援助することに伴う代償より、援助をおこなわないことで起こる損失の方が大きい**ということを示しています。

行動の真の動機というものは複雑で、説明がつかないこともあります。それについてはまたのちほど深く検討していくとして、まず、援助した人が見返りに何かを手に入れるかどうかという問題を見ていきましょう。

$$\underbrace{M\times(D\times(1+B_{self})+K\times B_{recipient}+C_{inaction})}_{\text{援助をおこなわないことで起こる損失}} > \underbrace{C_{action}}_{\text{援助することに伴う代償}}$$

M	援助行為を促したり思いとどまらせたりする社会文化的背景
D	その人が生来の援助者かどうか
B_{self}	援助者にとってのメリット
K	援助者が持っている被援助者についての先入観。例えば、相手を自分と同じ集団の一員とみなすかどうか
$B_{recipient}$	その援助が被援助者にどれだけのメリットをもたらすか
$C_{inaction}$	援助しないことに伴う代償（罪の意識や人前で恥をかくことなど）
C_{action}	援助することに伴う代償

互恵性

あなたは、あなたのほうから絶えず連絡を取ったり、会う日を提案したり、好意を示しつづけたりと、あらゆる努力をしないといけない友人関係を結んだことがありますか？　相手が自分を大事に思ってくれているかどうかを疑いはじめたら、落ち着かない気持ちになるものです。

人間関係はバランスが取れているときこそ、うまくいきます。どちらにとっても利益になること、見返りを与え合うこと、つまり「互恵性」が大事なのです。このような見方は「社会経済学」という学問分野が生まれる元になりました。私たちは前章で、「ステータス」と「一段低い位置」という概念を使って、その事例をみてきました。その種のアンバランスがあると、何かが変わらない限り人間関係を保てませんから、やがて関係が崩れ去るでしょう。

他人と生活をともにすれば、誰が家事の分担をちゃんとやっているかがすぐにわかります。ロッドは社会人になりたての頃、ロンドンの一軒家で、5人の男友達と共同生活をしていました。彼らは共有スペースのメンテナンスを一人が1カ所ずつ、1カ月交代で受け持つことにしました。それはつまり、その月にバスルームを受け持つことになった人は、たぶん大して熱心ではないにしろ、そのスペースの掃除はしますが、ほかの場所にはまったく手を出さないということです。夕食を食べ終えた人は、汚れたお皿を流し台に突っ込んだまま、颯爽とキッチンから出て行きます。それを洗うのは誰かほかの人の仕事だからです。このやり方をした結果、別のやり方をした場合に比べて家は汚くなりましたが、互恵性の原則は守られました。

認知言語学者のジョージ・レイコフは、私たちが使う言葉の多くがメタファーに依存することを指摘しています――私たちの物事の考え方は言葉によって形づくられるということ、そして、どんなにシンプルな概念にもメタファーが埋め込まれていて、そこに私たちの理解のあり方が示されているということです。

レイコフの著書、『レトリックと人生』には面白い事例がいくつか挙げられています。例えば私たちは、さまざまな「考え」をよく食べ物になぞらえます。「それはものを考える糧《かて》になる」*2-1「生焼けの考え」*2-2「そのことを、とろ火で煮させてくれ(=ゆっくり熟考させてくれ)」*2-3。恋愛は旅になぞらえられます。「二人の関係は出発したばかり」「ごらんぼくらの愛が乗り越えてきた幾山河を」*2-4「長いでこぼこ道だった」*2-5「ぼくらはもう引き返せない」*2-6。一方、援助行為に関しては、お金のメタファーがよく用いられていて、借りることもあれば貸すこともあるという互恵性が重要であることがわかります。「お知恵を拝借できますか?」「注意を払ってくれてありがとう」「あなたに借りがありますから」「ご恩をお返しします」「友よ、ローマ人よ、同胞諸君、耳を貸してくれ！」[*2-7]――。このように援助という概念は、おおむね互恵性という考え方を軸にして理解されているようです。

序文で述べたように、互恵性という考え方は、生物学者たちが援助行為の進化を説明するために用いられました。最近の理論では、互恵性の強い者たちが現れ、利己的なタイプの者たちをルールに従わせるようになったところで、向社会的行動が生まれることが示唆されています。[*2-b] チンパンジーは、こうした社会的規範への順応を示し、すぐには見返りがなくても、仲間のチンパンジーを丁寧にグルーミングしてあげたりします。[*2-c] その報酬はあとからやってきます。ただ、それがグルーミングという形で返ってくるとは限りません。誰かを助けるところを目撃された個体は、群れに受け入れられたり守られたりする確率が高くなるのです。それは人間社会でも同じです。

数年前、私たちはロンドンから、郊外の小さな町に引っ越しました。引っ越した理由の一つは、ある親しい友人からちょっとした助言をもらったことでした。彼女のご両親が、「コミュニティに貢献できるくらい若いうちに、終の住処になる場所に落ち着けば良かった」と思っているという話を聞いたのです。

先ほど触れたように、互恵性についてはお金のことを抜きには語れません。そのことから、援助のギブアンドテイクが、社会の中でいかにシステム化されているかがわかります。お金は援助のやりとりに関する言葉に組み込まれているだけでなく、人がする援助の多くが実際に支払いを受けるからです。

ですが、それで終わりではありません。**私たちは支払われることだけでは満足しないのです。もっ**

と必要なことがあります。どんなに少なくとも、感謝されることです。人は自分のおこないを認められたいのです。自分が結果を手にしつつあると知ることも、また別の形の満足につながります。あるパーソナルトレーナーの男性は、ある種の顧客は引き受けないようにしていると話してくれました。それは彼のところにやってきて「体重を落としてくれ」と言う人たちです。そういう人は週1回のセッションに通ってきても、その間にまったく運動していなかったり、食事についての彼からのアドバイスを無視したりするそうです。「僕は人の役に立ちたいからこの仕事をしている。なのに役に立てないんだ」と彼は言いました。私はあの「セラピー・ゴーラウンド」を思い出しました。

私たちはよく、有償で援助の役割を担っている方々にお礼を言います。それは当然のことでもあります。ですが中には、「その人たちは報酬をもらっているのだから、ありがたく思わなくていい」と考える人もいます。私の社会心理学の先生は、お店の店員さんにお礼を言わないことをポリシーにしていました。店員さんたちは報酬を得てお客にサービスをしているのだから、自分は彼らに何も負っていないと言うのです。さらに良くないことに、援助者がそれを仕事としてやっているという事実をもって、その人たちへの無礼や暴言の言い訳にする人さえいます。私がインタビューした緩和ケア病棟の看護師の一人は、「お前なんか、旦那の死に目にも会えなきゃいい」と言われた同僚をなぐさめたことがあると話してくれました。

一方で、自分の業務に対して適切な対価をもらうことをためらう援助者もいます。私が話を聞いた一人は、学習障害を専門とする看護師でしたが、視覚障害の方への対応を無償で請け負っていました。彼はその仕事のことを「human guide dog（人間盲導犬）」だと言い、「たいしたことではないから、（無償で）いいんです」と、あくまで過小評価するばかりでした。

援助の対価についての受け止めは複雑で、「支払われるだけでは満足できない」一方で、少しでもお金をもらうことに罪の意識を感じる人もいます。

スポットライト2・1

互恵性はある？

以下の質問をじっくり考えてみてください。

・あなたは援助行為の見返りとして、何かを期待しますか？
・見返りに何かをもらったりすべきではないと感じたことがありますか？
・援助行為が仕事の一部である場合、その値引きをしたことがありますか？
・自分は十分な見返りを得ていないと感じたことがありますか？

正解も間違いもないということを忘れないでください。この段階では、援助者としてのあなたの特徴を明らかにしているにすぎません。とはいえ、あなたには、援助行為の見返りとして何かを手に入れてもいいのだということを思い出してほしいのです。

……あとでまた説明しますが、援助するときに無欲でいようとすることには持続可能性がありません。

利他性

ここからは援助行為の二つ目の動機についてお話しします。それは、見返りに何も求めないタイプの動機、つまり「利他性」です。あのSAVE式も、人は何の得にもならなくても、人を助けたくなる可能性があることを考慮に入れています（1+B_{self}という部分がそれに当たります）。ただ、この式を作った科学者たちは、人間性をやみくもに信じようとしたわけではなく、研究結果をまとめただけですが。

私は序文で、ダニエル・バトソンと、彼がおこなった善きサマリア人の実験のことに触れました。バトソンは何十年も実験を重ね、利他性の存在の反証に取り組みました。自分で思いつくあらゆる説明と、のちに彼の研究を批判した別の心理学者たちが思いついたすべての説明を検証しました。苦しむ他人を見るという不快な経験を避けることが、援助行為の動機になるでしょうか？　援助しないところを見られることを恥じる気持ちが動機になるのでしょうか？　助けるべきだと思うときの罪悪感が動機でしょうか？　それとも、経済学者たちが考えたように、情緒的な報酬（例えば、助けたことを誇りに思う気持ち）が動機になるのでしょうか？　もっと言えば、「共感的喜び」ということもあり得るでしょうか？　共感的喜びとは、自分の援助が誰かのためになるのを見たときに湧き出る、ポジティブな感情のことです。ですが、それは純粋な利他というよりは、やはり究極的には利己的な報酬にあたるでしょうか？

こうしたあらゆる可能性を検証するための実験を考案するには、あらゆる種類の巧妙な設定が必要でした。学生たちに、共感を感じやすくする薬を服用したと信じ込ませたり、誰かの代わりに電気ショックを受けることでその人を助けられると偽って実験に参加させたりしました。厳密に言えば、こんなことは現実世界で私たちが援助するやり方とは違っています。それでも、思いつく限りの援助の動機をすべて学術的に検証しようとするなら、進んでいかなければならないラットの迷路のようなもので、面倒でも手を抜かず、一つ一つ取り組むことが欠かせませんでした。バトソンの著書、『A Scientific Search for Altruism（利他性の科学的探索）』には、そんな興味深い物語が綴られています。なるほど、30年もかかったわけです。そして喜ばしいことに、どの実験も目的を達成しませんでした。つまり、利他性は存在します！

それでは、そもそも何が利他の動機になるのでしょうか？

◆私たちは共感について語らなければならない

人を助ける動機は何ですか、と尋ねたとき、よくある答えは共感です。それは自明のことのように思えますし、共感の大切さには私も同意します。ですが、利他性に基づく行動（利他行動）の動機は何かと問われれば、答えは思いやりだと私は考えています。その理由を理解していただくために、まずは共感についてのさまざまな学説にざっと目を通しましょう。

共感は、人間の徳（道徳性）の解明に取り組んだ哲学者たちの心をとらえてきました。また共感は人と人との交流（社会的相互作用）にとっても不可欠なものですから、心理学者たちにも注目されています。共感は医療から対話療法まで、さまざまな専門職にとって重要な意味を持つ概念です。それは道徳の根幹であるとか、社会の接着剤だとか、[*2-d] 日々の奇跡の源、[*2-e] 宇宙の溶媒などとも言われてきました。「共感に浸せば、どんな問題も溶けていく」[*2-f] という言葉まであるくらい、共感が大事だということには誰もが同意します。ただ、共感とは何なのかについては、必ずしも意見が一致していません。

◆認知的共感：相手がどう感じているかがわかること

共感には大きく分けて二つの種類があるということは、ほぼ同意されています。その一つは「認知的共感」。ほかの人がどう感じているかを理解することです。

私たちは絶えずこの種の共感を働かせています。人は他人の頭の中で何が起きているかに興味があるのです。会社の部下に意見した上司は、その反応を読み取ろうとして、部下のことを探るように見つめます。新しい恋人ができたばかりの人は、夜中になると、その日にあったちょっとした出来事や、恋人から届いたばかりのメールのことで気を揉みます。認知的共感は完璧ではありませんし、自分の考えがどのくらい正しいかがわかることなど、めったにありません。それでも、あらゆる社会的相互作用の中で、私たちはほかの人が考えていることと、自分がそれをどう思うかとのギャップを埋めるために、物語を作り出します。

もし私たちに認知的共感がなかったら、職業としての援助でなされることの多くは起こり得ないでしょう。人は誰かが苦痛を感じていることを理解できて、初めてその苦しみを緩和してあげられるのです。認知的共感には、感じ取ろうとする性向とスキルの両方が必要です。スキルには次の二つが挙げられます。

一つは「共感的直観」です。心理療法士で教師のジョン・ヘロンは、自ら考案した医療従事者向け訓練プログラムの中で、これは、「意識の表層のすぐ下」で、言葉にされない何か、心を動かされる何かに気づくようなことだと説明しています。医療従事者は、医療の現場でそうして感じとったものに応じて患者さんに対処するのです。

もう一つのテクニックは、私が「第二の共感」と呼んでいるものです。これはクライアントの周りにいる第三者の心の中を推察し、それをコーチとクライアントで共有するやり方です。コーチという立場には、感情のあやに巻き込まれずに、部外者でいられるという強みがあります。そのおかげでコーチは、客観的な立ち位置から認知的共感を働かせながら、自分が直感したことと、クライアントから聞き取ったさまざまなことを結びつけられるのです。

認知的共感は強力なツールですが、あらゆるツールと同じように、良いことにも悪いことにも使えます。マーケティング担当者は認知的共感を活用して、人々に物を売り込みます。カルトの指導者は、認知的共感についての洞察力を利用して、信者になりそうな人たちを食い物にします。完璧に理解されているという印象を与えることで、カルトに参加する魅力を感じさせるのです。つまり、認知的共感は、思いやりを伴わない場合もあるということです。

以上のようなことから、認知的共感が必ずしも援助の引き金にならないことは明らかと言えるでしょう。私が思いやりに焦点を当てることにした理由の一つは、ここにあります。

◆情緒的共感：相手と同じように感じること

「情緒的共感」は、相手の経験を見聞きしたときに、楽しいことについては楽しく、苦しいことについては苦しく、相手と同じように感じることです。

例えば映画を楽しめるのも情緒的共感です。私たちは、ホラーハウスに一人取り残された少女と同じ恐怖に震えたり、ジェイソン・ボーンが次々と屋根を飛び越える姿に、胸躍らせたりします。すべて作り物であることを承知の上で、この「情動伝染」[*2-g]を楽しむのです。同じ理由から、スポーツ観戦が観客の心をつかむのも、情緒的共感です。

ちなみに「empathy（共感）」という言葉は、ドイツ語の「Einfühlung（感情移入）」の訳語として心理学者のエドワード・ティチェナーがつくりました。[*2-h]「Einfühlung」はもともと芸術の美を鑑賞する行為を意味します。

苦しいほうの情緒的共感としては、興味深いエビデンスが示されています。誰かが「あなたの痛みを感じる」と言っていたら、その通りのことが現実に起きている可能性があるのです。認知神経科学の第一人者であるジャン・デセティは、誰かが痛がっているところを見た人の脳では、実際に体の痛みを経験するときと同じ神経回路が活性化することを明らかにしました。[*2-i]そのとき、脅威を感じることに関連する別の回路も活性化されます。

このように情緒的共感は、人の痛みを感じる場合もあれば、相手の喜びを感じる場合もあるので、必ずしも援助の動機とイコールにはなりません。

これが私が、共感でなく思いやりに注目することにした二つ目の理由です。思いやりは、苦しむ人を目の当たりにしたときに起きる痛みを伴う感情であって、だからこそ人を助ける動機になるのです。

このことについては、またのちほど詳しくみていきます。

共感の罠

認知的共感は脳の内側前頭皮質（額のすぐ後ろの部分）、情緒的共感は内側帯状皮質（もう少し後ろの部分）に位置していて、脳の二つの別々の系統に関係しているというエビデンスがあります。[*2-j] それらは複雑に絡み合っていて、よく同時に活性化します。

イェール大学の心理学者、ポール・ブルームが、著書『反共感論』で共感を否定する議論を打ち立てるきっかけになったのは、この「二つの別々の系統にある」という概念でした。反共感などと言われると、共感とは否定すべきものなのかと驚く人がいるかもしれません。まるでブルームが「反笑顔論」とか「反子ネコ論」[*2-8]（彼自身がこの言葉を使っています）でも唱えたかのように聞こえるでしょうか。

その背景を見ていきましょう。

ブルームが主に批判したのは、共感が政策決定の悪しき論拠になりかねないということです。共感には偏りが生じることがあるからです。ブルームはそのことを、狭い範囲しか照らさないスポットライトにたとえています。人は自分の知っている人に、あるいは集団よりも特定の人に、共感を覚えやすいのです。ブルームは、学生たちが道徳的な選択をするよう求められた有名な実験[*2-k]を引き合いに出しています（ほかでもないダニエル・バトソンの実験です）。

学生たちは偽のインタビューを聞かされました。そこには終末期の重い病状の少女、シェリー・サマーズが登場し、自分は新しい治療法の順番待ちリストに入っていると話しています。そのリストの上のほうには、もっと重い病状の子どもたちや、ずっと前から待っている子どもたちが登録されています。そこで学生たちに、シェリーはほかの子を追い越してリストの先頭にしてもらうべきかどうかを尋ねます。すると、シェリーの気持ちを想像するように促され、共感系を刺激された学生たちは、客観性を保つように言われた学生たちより、不公平でもシェリーに順番を飛び越えさせたいと答える割合が高い傾向にありました。

研究者たちは、共感のせいで人の道徳的価値に反する判断がなされることがある、と結論づけました。これは「身元のわかる犠牲者効果」と呼ばれています。あなたのところに募金を求める慈善団体がリーフレットを送ってくることがあると思いますが、そこには何が書かれているでしょう。何千人もの人がいかに飢えているかという事実だけでなく、物悲しげにあなたを見つめる特定の個人の窮状が強調されているはずです。それこそが、あなたの共感を刺激するためなのです。

ブルームによると、共感とは近視眼的なものです。その例として、物乞いに施しをする行為が挙げられています。**共感に基づいて下された判断は、長期的な視点を持たずに、その場の苦しみだけを和らげるのです。**

ブルームは、「他者を思いやる善き人になりたいのなら、あるいは世界をもっとよい場所にしたいのなら、共感なしで済ませたほうがよい結果が得られる」[*2・9]とまで言っています。私がインタビューしたケア労働者の人たちがこんな言葉を聞いたら、たぶんぞっとするでしょう。ある緩和病棟の看護師は、同じチームに「共感性に欠け、とがめられない限り最小のことしかしない」同僚がいることを話してくれました。チームで引き継ぎをしていると、その最中に、鎮痛剤を求める患者さんたちからの呼び出しブザーが鳴ることがあります。そのとき、ほかのすべての看護師は呼び出しに応えようと飛び出していくのに、その看護師だけは呼び出しを無視します。彼女が担当していた患者さんの一人は、終末期の激越状態にありました（死期が近いとわかっているときにみられる極度の不安の表れです）。そのときはもう寝たきりでしたが、どうしてもタバコが吸いたいと言いました。ご家族はタバコを吸わせて落ち着かせてあげたいので、ベッドを外に移動させてほしいと要望されました。季節は夏で、そういうことはときどきあることでした。それでもその看護師は頑なに拒み、自分は患者さんに投薬しかしないと言いました。私がインタビューした看護師は彼女と議論し、それから患者さんのベッドを移動するのを手伝ってくれる看護助手を探しに行きました。患者さんは最後のタバコを吸うと、30分後に亡くなられたそうです。

ブルームは、彼が定義した通りの共感（情緒的共感）を方針決定の根拠とするのは良くないと、明確に論じています。私は、この「共感に頼ると道を誤ることがある」という点については受け入れますが、ブルームはあまりに共感を否定しすぎていると思います。確かに、合理的な人は情緒的共感だけに頼って判断するようなことは、まずしません。ですが共感がなければ、人は他者をケアしなくなるかもしれません。世界的なヘルスケアデザイナーで、ソンダー・コレクティブの共同創設者であるメラニー・ウエンドランドに共感の価値について尋ねると、こう言いました。

「グローバルヘルスの領域では多くの仕事が、科学的・論理的な思考に基づいておこなわれています。ですが、人には他者に心から共感し、相手に何が起きているか、なぜ苦しんでいるかを認識する能力がありますから、それを発揮すれば問題にまったく違う光を当てて見られるようになり、ずっと良い解決策が見つかります[*2-1]」

私はメラニーに同意します。ただ共感は、普遍的にポジティブな性質のものとして認められているわけではありません。この事実が、私が共感の代わりに思いやりを選んだ3番目の（そして最後の）理由です。

思いやりが生まれる条件

思いやりがどんなふうに働くのかが理解できれば、どうしてそこから問題が起きることがあるのかがわかってくるでしょう。何かちょっとした誤作動があって、援助の動機が不純な様相を帯びてきたときに、そのことをきっかけにして援助せずにいられない状態になっていくことがあります。

まずは哲学者のマーサ・ヌスバウムに登場してもらいましょう。ヌスバウムは感情に関する理論を唱えています。それによると、感情とは、単に人の経験の一部としての不安定な要素ではなく、重要な価値判断をもたらすものです。つまり、感情が私たちの判断のあり方を導くのです。援助について言えば、思いやりという感情が、援助しようとする判断を導きます。「思いやりは、他人が不当に不幸な目にあっていることに気づくことで発生する、痛みを伴う感情である」

彼女の見解によると、思いやりには三つの認知的条件があります。それはまるで、私たちが苦しんでいる誰かを目にしたときに、ちょっとしたテストを課すかのようです。相手の人が満点を取ったときだけ、私たちは思いやりを感じるのです。三つの条件はどれもSHSとの関係において重要です。哲学の研究を3行の箇条書きで伝えきれるわけはないのですが、ごく簡単にまとめると次のようなことになります。この3条件のうち最初の二つは、アリストテレスからの引用です[*2-m]（機会があれば、ヌスバウムの著書『Upheavals of Thought（思考の地殻変動）』をお勧めします）。

1　深刻な悪い出来事——その人の苦しみは深刻だと思えるか？
2　落ち度——その人は苦しんで当然だと思うか？
3　幸福論的判断[*2-n]——人は幸福でいるべきだという自分の感覚に反する苦しみか？

一つ目の条件である、誰かが「深刻な悪い出来事」を経験したかどうかを判断することは、たいていの場合それほど難しくはありません。ただ、こうした判断は必ずしも見た目ほど単純ではありません。例えば、誰かが蚊に刺されたとしましょう。本人は刺されても平気にしているのに、友人が、その人を無理やりベッドに寝かせ、額の汗を拭ったりしはじめたら、その友人は事態を「深刻な悪い出来事」だと間違って判断しています。逆に、以前に蜂巣炎で入院する羽目になったことがあって、蚊に刺されることを恐れている人であれば、「深刻な悪い出来事」として思いやりをかけるに値します。私たちは、それぞれの思いやりの素質と状況評価の両方に基づいて瞬時に判断します。

二つ目の条件である「落ち度」についても判断が求められます。外出する前に虫除けスプレーをするといいよ、と忠告してあげていたのであれば、蚊に刺されてしまった相手にそれほど思いやりを感じなかったかもしれません。落ち度についての判断は、さまざまな要因によって変わります。[*2-o] 特定の状況においてその人に非があると思うかどうかだけでなく、相手に対する総合的な判断も関係しています。ある人を嫌な人だと思えば、その人が苦しんでいても当然と思う傾向が高くなります。私たちはそれぞれに、相手の欠点を許容しつつ思いやりを感じることのできる閾値《いきち》を持っています。この閾値はきわめて多様です——この点については、援助せずにいられなくなる原因を考察するときに、また触れたいと思います。ジャン・デセティがおこなったある実験では、被験者たちに、痛みに苦しむエイズ患者のビデオを見てもらいました。[*2-p] 被験者たちは、薬物乱用のせいで感染した人よりも、輸血で感染したと思われる人のほうに、より共感を覚えると言いました。その人たちの神経生理学的な反応にもそのことが反映されていました。エイズの患者さんに落ち度がないと思ったときは、痛みの知覚に関連する脳領域の活性が高くなりました——そのとき、被験者は情緒的共感を経験していたのです。

三つ目の条件を、マーサ・ヌスバウムは「幸福論的判断」と呼んでいます。ここは彼女がアリストテレスに背いたところです。アリストテレスは「同じ可能性」があるかどうか、という考え方を述べています——人が思いやりを感じるのは、同じ不幸が自分にも起こるかもしれないと思えるときだ、と。しかしヌスバウムは、人が思いやりを感じるには、それだけでは不十分で、相手の苦しみに自分も影響されていると感じることが不可欠だと言っています。これはつまり、相手を自分の「関心の輪」の中に取り込むということです。もっと簡単に言うなら、相手のことが心配になるとき、ということです。

スポットライト２・２

思いやりテスト

誰かに何か悪いことが起きていて、その人に落ち度はなく、その状況が心配に感じられるときにだけ、私たちはその人へ思いやりの気持ちを抱きます。この三つの判断それぞれについて、あなたならどうかを考えてみてください。

1　深刻な悪い出来事——誰かが苦しいと言っているときに、あなたはどのくらい強く反応しますか？　今までに、思いやりの気持ちを持ったものの、あとになって、その人は本当に苦しんでいたわけではなかったとわかったことがありますか？　逆に、誰かの苦しみの大きさを過小評価してしまったことはありますか？

2　落ち度——あなたは、その人に落ち度があったとしても思いやりに値すると信じられる閾値《いきち》をどう考えますか？　明らかにその人自身の落ち度のせいで苦しみが発生している場合でも、思いやりの気持ちを持ちますか？　逆に、あなたは人を簡単に非難しすぎるほうですか？

3　幸福論的判断——あなたは他人の苦しみに、どのくらい容易に影響されますか？　あなたはだいたいいつも、人として行動を起こす責任があると感じますか？　逆に、あなたは他人の苦しみに影響されにくいほうですか？

この三つの判断にゆがみがあるとＳＨＳに陥りやすいのです。そのことついては、またのちほど説明します。ここでは、これらの質問への答えがどうであっても、その判断をした自分を責めなくて大丈夫です！

思いやりのあるものの見方

思いやりには、援助の動機以外の側面もあると私は考えています。私が話を聞いた人たちにとって、思いやりは物事に対する見方でもありました。

あなたが腹ぺこで、イベント会場のビュッフェで長蛇の列に並んでいるところを想像してください。ようやく白いトレーの山にたどり着きそうになったとき、誰かが肘を突き出し、列に割り込んできました。居並ぶ人から不満の声が上がります。ここで、思いやりのある見方をする人なら、こう考えるかもしれません——もしかしたらあの人は、糖尿病で低血糖ショックを起こしそうなのかもしれない。もしかしたらあの人は、午後の基調講演をお願いしている演者のために、トレーを取ってくるように言いつけられたのかもしれない——。思いやりのある人たちは、自分以外の人に落ち度はないはずだと無意識のうちに思うのです。

また別の例を考えましょう。この本の序文で、私はフリードリヒ・ニーチェに言及しましたが、あの取り上げ方はちょっとひどすぎじゃないかと思った方がいたかもしれません（彼の哲学をひどく誤解していると思われたかもしれませんが）。もし私が思いやりある見地から書いたなら、ニーチェが多大な苦悩に耐えていたことを評価したかもしれません。ニーチェには人生を通して、極度の頭痛とてんかん発作の持病がありました。バーゼルでの職を辞したのも健康上の理由からでした。早くに父を亡くし、ワーグナーをはじめとする友人たちに裏切られ、愛に恵まれず、最愛のルー・サロメからは拒絶されただけでした。人生最後の10年間は麻痺性認知症を患っていました。ニーチェが神を亡き者にし、この世に暗い展望を投げかけたことに疑いはありません。それでもニーチェは霧の向こうから、人が神のようになれる場所を見つめていたのです。

物事を思いやりを持って見るようにすれば、他人の善いところを想像し、優しさを持って接することができます。そんな性質や気立てこそ、援助者の生き方の一部なのです。ビュッフェで見かけたあの人には事情があるはずだと信じられることこそ、その表れです。そしてそれが人を助ける行為として発揮されるのです。これを愛と呼んでもいいのかもしれません。私は最近、20世紀ドイツの神学者、パウル・ティリッヒの説教『Love is Stronger than Death（愛は死よりも強し）』を読みました。ティリッヒは二度の世界大戦が終わって間もない頃に、「私たちはこの世の終わりの世代である。私たちはそのことを知るべきである。自分たちに、そして全世界に起きてしまったことは、もう忘れるべきだと考える者もいるであろうが」と書いています。この言葉は私たちの世代にも不気味なほどに共鳴します。彼はこう続けました。

救い（help）の手が差し伸べられることは、めったにないであろう。そして救われた者たちの感謝は、どんな時も、第一に愛への感謝であって、そのあとに救われたことへの感謝がくる。救いではなく愛こそが死よりも強いのだ。しかし、救いになって表れない愛はない。愛なくして救いを授ければ、その救いから新たな苦悩が始まるのである。

援助として表れない愛がないのなら、おそらく愛そのものが、援助であると言っても良いでしょう。それは私が第1章で示した定義に当てはまります。愛は「誰かにとっての何かを容易にする」ものです。愛は援助行為の核心そのものです。それでも、援助することが強迫性を帯びてくると、ティリッヒが語ったような苦悩が援助者にとっての苦悩にもなり得るのです。

第 2 部

スーパーヘルパー・シンドローム（SHS）

第3章

不健全な援助

静かな浜辺に、さざ波だけが寄せては返していました。海は穏やかに誘いかけてくるようです。あなたは浅瀬からほんの少し先まで足を踏み入れたところで、胸のあたりにひたひたと水の流れを感じます。胸？　ついさっきまで腰の深さだったのに。あなたは浜辺に戻ろうと歩き出します。でも足元の砂が崩れるだけ。慌てて水をかきながら渾身の力で踏み出しても、一歩も進みません。パニックになって息が乱れ、足に力が入らなくなります。海水が両足にのしかかり、くぐり抜けていく、その勢いは増すばかりです。とにかく逃げなくては。泳ぐべき？　水深はまだ肩くらいなのに、海があなたをつかんで引きずり込みます――。

引き波につかまったことがある人なら、この感じがわかるでしょうか。ＳＨＳもこれに似ているかもしれません。何が起きているかわからないうちに、こうなってしまうのです。抗うことは難しく、あなたは自分を責めるのみ。この章では、深みにはまってしまう前に立ち止まれるように、ＳＨＳのいくつかの徴候を説明します。そしてその後の章で、この状態を脱するために使える頼みの綱の話をします。

ＳＨＳには二つの重要な要素があります。

ＳＨＳの要素１：人を助けることをやめられない、援助せずにいられない

ギャンブル、薬物、アルコール――こうしたものがやめられない状態は、有害な結果をもたらしかねません。一家離散になったり、生計が立たなくなったり、場合によっては人の命に関わることもあります。それでは、人を助けることがやめられない状態はどうでしょう。少し考えてみてください……それは良いことのように思えることでしょう。多くの場合はその通りです。援助者は周囲の人にまぎれもなく良い影響を与えますから。ですが、人を助けたいという欲望が中毒性を帯びてくると、実は援助者自身が害されてしまうことがあります。それなのに、援助者以外の人は誰もがいい思いをします。そこがほかの中毒症の場合と違うところです。

あなたは、援助行為をどのくらいしていますか？

次の質問について、自分に当てはまるものはありますか？

- ケア労働に従事していますか？
- 職場での主な役割が、人を助けることですか？
- 職場での主な役割とは別に、人を助けていますか？
- ボランティアの仕事をしていますか？
- 同居している人たちのケアをしていますか？
- 近所の人たちのお手伝いをしますか？
- 友達をサポートしますか？
- 親戚や縁戚の人たちの面倒をみていますか？
- 自分で自分の面倒がみられない誰かの責任を負っていますか？
- 出会ったばかりの見知らぬ人のために、親切なおこないをしますか？
- 慈善事業やその他の理由で金品を寄付しますか？

もし、右の質問リストで大きくうなずく項目がたくさんあるなら、あなたはたぶん、「強迫観念にとらわれたように援助してしまう人」と判定されるでしょう。それは「援助せずにいられない」状態であることのしるしです。ようこそ、私たちの世界へ！

このタイプの援助者は、例えばスーパーマーケットの外で見ず知らずの人が車に荷物を積み込んでいるのを見かけるたびに、手伝いましょうかと声をかけたり、小児がんを治療中の子ども用のウィッグを作る慈善事業に貢献したくて[*3-a]、髪を長く伸ばしたり（私が話をした看護師の一人がそうでした）、直接的にも間接的にも、誰かを援助できるあらゆる機会を見つけてきます。

ある女性写真家のインタビューでは、彼女が自分の技能を使って、多くの人の面倒をみていることがわかりました。例えば、マッチングアプリ用のプロフィール写真のことで気を揉んでいる独身の人たちのために、リラックスした笑顔の写真を撮ってあげたり、弱視の人に写真の撮り方を教えたり、メンタルヘルスの問題を抱える人と一緒に作業をしながら、自分の身の上話の語り方を身につけさせてあげたり。チャリティーイベントで無償で撮影したり、チャリティーキャンペーンを四つ立ち上げたりもしていました。

認知症の父親を写した彼女の写真が、とある賞の最終候補にノミネートされたとき[*3-b]は、いくつもの慈善団体にその写真を無料で提供していました。友人のパートナーシップ・セレモニーのときは、時間をとって式の執行者の役割まで引き受けました。彼女はこんなふうにして、自分がした援助行為を全部で19も挙げました。強迫観念にとらわれているかのような、こうした援助行為は、意識的に選んでいるとは限りません。

ジュリアという女性が、初めて私のコーチング・セッションを受けに来たときは、ひどく疲れた様子でした。母であり妻であるジュリアは多忙です。週に4日働きながら、同居している母親を介護し、月に一度は電話カウンセラーのボランティアをしていました。夜にはコーチングの資格を取るための勉強を続けています。

あるセッションのとき、彼女はマンチェスター・ピカデリー駅からの帰宅途中の出来事を話してくれました。混雑したコンコースを足早に通り過ぎようとしていたら、一人の高齢男性が、手にした折りたたみ式の時刻表と、頭上の電光掲示板を何度も見比べているのに気づきました。足下のスーツケースは開きっぱなしです。ジュリアは、こんなふうに思ったそうです。「あの人、困っているみたい……助けてあげなきゃ……私は次の電車に乗れなくなるけど……お手伝いしましょうかって聞いてみよう」。そして彼女は、その男性のスーツケースを抱え、人混みを縫いながら彼を電車のホームまで連れて行き、自分は次の電車を1時間待つことになったのです。

ジュリアが、たまたま出会った見知らぬ人を幸せにしてあげようとすることは、賞賛されるべき性質です。ですが、どこまでやるべきでしょうか？　もし、そのあとの電車に乗り込もうとしているときに、別の高齢男性が困っているところを目撃したら、どうでしょう。またもや立ち止まって、その人を助けるべきでしょうか？　二人でこの問題を話し合っている間、ジュリアは自分の行動におかしなところがあるとは思っていませんでした。「誰でも同じことをしたと思います」。では、駅にいたほかの人たちは、実際どうしていたのかと私が尋ねると、彼女は、みんなただ急いで通り過ぎていっただけだと言いました。ここで重要な点は、困っている知らない人を助けるべきではなかったと言いたいわけではないということです。彼女が助けずにいられなかったということ、そして**その抑えがたい気持ちに無自覚だったことが問題なのです。**

この抑えがたい気持ちについて、自分にからめて考えてみてください。写真家の女性やジュリアの例を聞いて、どう思いましたか？　あなた自身の援助行為のリストがかなりの数になることに気づき、その数を彼女たちと比べてみたでしょうか？　それとも、自分が十分にやっているかどうかが気になったでしょうか？

SHSの要素2：自分のニーズに対処しない

いついかなるときでも、自分自身のニーズにきちんと対処していると言える人は手を上げてみてください。ほとんどいませんね。

自分のサポートより他人のサポートを優先してしまいがちなのは、一般的な傾向です。SHSはその傾向の度合いが強く、他者のニーズに応じることに熱心なあまり、自分のための時間は十分にとれないと言ったり、自分のニーズを満たすのは利己的だと考えたりするのです。このような言い訳については、第8章「『ニーズはない』信念」のところで取り上げます。ここでは、自分自身のニーズに対処しないと、心理的、身体的にどうなるかを説明したいと思います。

カーネギー・メロン大学のヴィッキー・ヘルゲソンは、「自分をないがしろにしてでも他者を重視する人たち（主に女性）」について、大規模な研究をおこなっています。ヘルゲソンは、この特徴を「非緩和共同性」と呼んでいます。[*3-c] これは1960年代にデイヴィッド・ベイカンが初めて提唱した理論[*3-d]に基づく概念ですが、「自分のニーズに対処しない」というSHSの要素とまさに密接な関係にあるように思えます。ヘルゲソンはとくに、**「他者のニーズを自分のニーズより優先させる」**ことだと表現しています。彼女の研究では、この非緩和共同性を持つ人たちは、不安や抑うつを含む、さまざまなタイプの困難に陥りやすい傾向にあることが明らかになりました。また、その人たちは食事、運動、リラクゼーションなど、いくつかの健康関連行動において、自分のニーズをないがしろにしがちでもありました。

スポットライト3・2

あなたは、自分のニーズに対処していますか？

各項目について、今の自分に当てはまる状態を四角の枠内に1～5で記入してください。1、2、3に該当した項目については、対処できていない理由や原因もメモしてみましょう。

1 （まったく対処していない）
2 （ほとんど対処できていない）

3　（あまり対処できていない）

4　（だいたい対処できている）

5　（じゅうぶん対処できている）

健康（食事、健康診断、飲酒、喫煙、セルフメディケーション）

理由・原因

運動（ウォーキング、ジムでのエクササイズ、各種スポーツ、ダンス）

理由・原因

心理（休息、リラクゼーション、瞑想、対話、コーチング、カウンセリング）

理由・原因

家（住まいを安全かつ快適で整理整頓された状態にして維持すること）

理由・原因

近しい関係（あなたを愛し尊重してくれる人たち（パートナー、家族）との健全な関係を保つこと）

理由・原因

キャリア（勤務時間、仕事のストレス度、仕事の満足感、キャリア形成）

□

理由・原因

「　」

お金（収入、借金、支出）

□

理由・原因

「　」

楽しみ（趣味、休日、わくわくする体験）

□

理由・原因

「　」

コミュニティ（友人、親密な集まり、安全な場、あなたを疲れさせるのではなくサポートしてくれる人たちと時間を過ごすこと）

□

理由・原因

向上心（人としての成長、より良い自分を目指して努力すること）

□

理由・原因

魂（人生に意味を見出すこと、精神的な満足、信仰）

□

理由・原因

海に飲み込まれてしまう前に

ここまで、ＳＨＳには「援助せずにいられない」と「自分のニーズに対処しない」という二つの要素があることを見てきました。こうしてみると、この状態はちょっとした式で表せるかもしれません。

ＣＨ×ＮＮ＝ＳＨＳ

ＣＨ（Compulsive Helping）援助せずにいられない

ＮＮ（Not meeting your own Needs）自分のニーズに対処しない

第２章で紹介したＳＡＶＥ式に比べれば、おとなしめです！　この式の重要な点は、「援助せずにいられない（ＣＨ）」状態それ自体を悪いこととはみていないところです。どういうことかというと、もしあなたが援助せずにいられないたちであっても、自分のニーズにきちんと対処している（ＮＮ＝0）なら、ＣＨ×0＝0ですから、ＳＨＳで苦しむことはないということです。

ただ、現実には援助せずにいられない状態でいながら、同時に自分のニーズに対処できる人なんて、めったにいません。むしろ、自分のニーズを無視することのリスクを深刻に捉えておらず、ＣＨの値が大きければＮＮの値も大きくなる傾向にあります。この二つが掛け算されて、ＳＨＳの数値は跳ね上がります。

ＳＨＳに陥っている人たちへのインタビューで自分のニーズへの対処を尋ねると、皆さん申し合わせたように肩をすくめるだけでした。ある母親は、自分が援助をやめられなかったせいで家族の休日を台無しにしたばかりでしたが、夫に最後通牒を突きつけられて別れると脅されない限り、行動を変えられないだろうと悲しげに認めました。

もっと言うと、**援助者は自分のニーズに対処しないことに一種の誇りを持っています。**インタビューでその疑問をぶつけると、誰もが「まあ、ちゃんとやってますから」と憎めない笑顔を浮かべます。自分の面倒をみることの大事さはわかっています、と私に知らせることで、私を喜ばせようとしているのかもしれません。ですが、皆さん本心からそう思っているわけではありません。援助がやめられない人たちは意志が強いのです。他人事の責任を真剣に引き受けます。それでいて、自分が助けを必要としていることは決して認めません。海に飲み込まれそうになったときも、浜辺に向かって手を振りながら、こう叫ぶでしょう。「いえいえ、どうぞ気になさらないで。私は大丈夫ですから」

そのリスクを強調しなければいけないと感じています。極端な場合、それは「病的な利他主義[*3-e]」と呼ばれる状態になりかねません。病的な利他主義とは、工学教授で神経回路や社会行動学の専門家であるバーバラ・オークリーが提唱した概念で、「常習的、不適応、および／または、強迫的に、他者の幸福を追求すること」とされています。

ケア労働者の団体は、こうしたことの危険性に気づいています。全米ソーシャルワーカー協会の行動規範[*3-f]では、会員たちに「セルフケアに取り組むように」呼びかけています。全米看護師協会の倫理規範[*3-g]でも、看護師には、自分自身に対して適切にふるまう義務があると強調しています。「看護師は、受け持ちの患者様にするのと同じだけ、自分自身をケアすることに注意を払うべきである」。ですが悲しいことに、そうしている人はごくわずかです。もしあなたがＳＨＳに陥っているなら、これから示す四つの「悪影響」に当てはまるものがあるはずです（本章では三つ目まで紹介し、最後の一つは次章にて解説を挟んだあとに紹介します）。

ＳＨＳの悪影響１：疲弊

疲弊は、ＳＨＳによる一番はっきりした形の悪影響です。ＳＨＳの人が私を訪ねてくる理由の筆頭に挙げられます。皆さん最初のうちは、日々の疲れを気に留めないようにしています。その状態は、慢性的な疲弊と呼んでもいいかもしれません。援助者の生来的な気質として、頑張りつづけてしまうのです。それでも、ほどなくして働きすぎのせいで怒りっぽくなります。中には涙もろくなったり、忘れっぽくなったりする人もいます。

疲弊が長期に及ぶと、判断の誤りにつながりかねません。例えば、ＴｏＤｏリストが際限なく増えても、引き受けつづけてしまったりするのです。ある相続専門弁護士は、忙しくなるほど自分がいかに論理的でなくなり、手伝ってほしいと言うべきかの判断がつかなくなるかを話してくれました。重工業界で戦略立案の仕事をしているある人も、同じようなことを言いました。「忙しくなればなるほど、ノーと言うのが難しくなるんです」。これは興味深いことだと思いました。ＳＨＳ状態にない人で、同じような問題を抱えている人は、私の知る限りいませんから。

疲弊はそのうち深刻化します。私がインタビューした教師の一人は、末期がんを患う父親の世話をしていました。彼女のご両親は第三者による介護を受け入れようとせず、彼女に頼りきりでした。彼女はかなり長い間、毎週1日は仕事を休み、幼い子どもたちをシッターに預け、長距離を運転して両親のもとに通っていました。精神的にも体力的にも負担が大きく、最終的には医師の診断を受けて抗うつ薬を服用するようになり、仕事を辞めました。

援助者は、自分の職務を立派に果たせるだけのリソースがないときや、あり得ないほどの要求に直面したときにも疲弊します。体がその状態と戦っているようなものなのです。私は、職場での疲弊や燃え尽き（バーンアウト）の事例を無数に聞いてきました。

ある学校の教師の例です。その学校はきめ細やかなケアを方針として掲げているにもかかわらず、彼女に詰め込みのカリキュラムを要求しました。彼女は、学校側の要望に応えつつきめ細やかなケアも果たすため、契約した勤務時間よりはるかに長く働き、カリキュラムを消化するだけでよしとしている同僚には不満を抱いていました。彼女はついに6週間、病欠することになりました。その間はただ、白ワインを飲みながら昼間からテレビを見ているだけで精一杯だったそうです。思考が麻痺し、泣くこともできなかったのです。

ケア労働を担っているからといって、その人は全人権を放棄しているわけではありません。

——看護師、インタビューにて

よく報告されている疲弊の表れ方として、「共感疲労」があります。トラウマ研究の第一人者であるチャールズ・フィグリーは、共感疲労の定義を、「他者のトラウマによって感情的に影響を受けること」としています。共感疲労の影響の出方には二つのタイプがあり、どちらの場合も効果的なケアができなくなってしまいます。

その一つは、タフになる人たちです。この人たちは苦痛を目撃したときに、そこから目をそらします。無関心になったり共感性を失ったりするのです。二つ目のタイプはその反対で、苦難の重荷を引き受ける人たちです。この人たちは自分自身の痛みと、クライアントや患者さんたちの痛みとの区別がつかなくなってしまい、自分を見失います。看護師で教育者のニッキー・クリードランドは、その状態をこんなふうに説明しました。

患者さんやご家族、同僚の方々などを際限なくサポートしつづけることで、自分が押しつぶされんばかりになって、配慮や思いやりを示す力が失われるのです。自分の面倒すらみることができないのですから、他人に与えるものなど何も残っていません。

「バーンアウト」や「共感疲労」といった表現は、もともとケア労働者との関連で生まれた言葉ですが、最近になって、もっと幅広く使われるようになりました。ファンドマネージャーからフットボール選手まで、あらゆる人がバーンアウトのことを口にします。普通の市民までもが、コロナ禍に伴う共感疲労について、ジャーナリストからインタビューを受けたりしています。

残念なことですが、プロのケア労働者については、激務に耐え抜くためにタフでいることが大事というような言われ方がされすぎています。児童保護官[*3-h]の求人広告の中には、応募しようとする人に、本当にタフかどうかを問うようなキャッチコピーを使ったものさえありました。このような状況を緩和するために、この分野の第一線の研究者であるカレン・サーキナとローリー・パールマンは、雇用主から応募者に向けて、トラウマを抱えて働くことの有害性を「警告する義務」があると主張しています。[*3-i] またイギリスの医療サービスにおける「コンパッショネート・リーダーシップ」という新たな取り組みでも、[*3-j]「安全で、質が高く、思いやりのあるケアを可能にし、維持できる」ような組織文化に改革することが試みられています。

SHSの悪影響2：憤り

怒れる援助者になりたい人などいません。それは援助者の皆さんが目指す姿とは正反対です。援助者の価値観の核心にあるのは受容と寛容ですから。それでも、私が話を聞いた、ある慈善事業のワーカーは、「過度に援助をしていると憤りを抑えられなくなりかねませんし、実際そうなっています」と率直に言いました。

このような援助者は援助をやめたいわけではありません。やめることは挫折を認めることです。ですから憤りを感じても、そのことを自分に対してすら認めようとはしません。憤りは自滅的な感情であって、人をむしばみます。そのように聞くと、人間を助けるために神々から火を盗んで与えたプロメテウスの凄惨な罰の話が思い出されるかもしれません。プロメテウスは岩に縛りつけられ、毎日肝臓を鷲についばまれながら、夜ごとそれが再生するところを見ていることしかできませんでした。

援助者はアンバランスな関係への我慢の限界が高いのです。自分は援助ができるのだから、そうすべきだと信じています。見返りなど望まないという雰囲気を醸し出しますから、実際に何かを手にすることがなくても、それを当たり前と思っています。そうするうちに、援助者は、被援助者によってゴムひものように引き伸ばされていきます。

みんな私を無料のセラピストとして利用するんです。友人たちから、よくこんなメッセージが届きます。「ちょっとだけ話せる?」。わかっているんです。ちょっとと言いつつ何時間もかかることはわかってるんですけど「いいよ」と言ってしまうんです。
みんなそういうことを私のちょっとした特別なスキルくらいに思っていて、気軽に電話してくるんです。アドバイスをもらったら、さっさといなくなる友人がたくさんいます。そういうことに、ある意味、傷つきもしています。だって、みんなそのあとは音沙汰がなくなって、楽しい話は何も聞かせてもらえないのですから。自分が相手に対して何をしているかが、わかっていないみたいです。

――心理療法士、インタビューにて

そうしたアンバランスに最初に気づくのは、たいてい、援助者に一番近しい人たちです。これは私がおこなったインタビューの大きなテーマでした。ある看護師は、近所の子どもたちが怪我をしたときに、いかに多くの親たちが彼女のところに子どもを連れてくるかを話しました。彼女の夫は怒って、こう言うそうです。「いい加減にしろよ。なんでうちの玄関に子連れの人がひっきりなしにやってくるんだ」

ゴムひもの例で言うと、この援助者を守ろうとする近しい人も、援助者を引き伸ばす存在になっています。あるクライアントはこう言いました。「人から、あなたは他人を助けすぎだと言われるのが本当に嫌いです。そう言われると、まるで私はみくびられて、不当な扱いを受けているみたいな気がして」。憤りが、援助者と被援助者、それに援助者を守ろうとする人との間に三角関係を生み出し、援助者を引き伸ばしていることがわかります。

ここから自分が不当な扱いを受けていることに気づきはじめると、援助者はようやく自分のために憤るようになります。そして自己主張をしようと夢想し、そのための会話を練習します。それでも援助者は援助を続けます。その間ずっと、ゴムひもはどんどん張りつめていきます。そしてついにゴムが切れたとき、誰もが傷つくのです。人間関係が壊れ、援助者は罪悪感を抱きます。

たくさんの援助者の人生の背景で、また別のことも起きています。それは、他者との付き合い方全般のアンバランスさです。援助者は、ほかの誰かが話しているときは、その話に興味がある、関心を持っているということを、かすかなシグナルを発して伝えますが、それは本当に関心があるからです。一方、話し手は安心して話を聞いてもらえると感じ、自分の悩みや愚痴を気軽に打ち明けます。まったく知らない人が、それぞれの物語を吐き出したりします。こうしたアンバランスは軽い憤りを引き起こしますが、援助者は目をつぶります。そういうことは低周波の耳鳴り――冷蔵庫のうなる音のようなものなのです。

私のことを知らない人すら私に声をかけてきます。夫は言うんです。「君はひと言もしゃべってないのに、あの人は自分の全人生を君に話してた。どうしてそんなことができるんだ？」って。私はそうしようとしているわけではないんです！　金曜の夜に飲みに行って、バーテンダーの身の上話なんて聞きたくないもの（笑）。偶然そうなるわけではないことはわかっているのですが、どうすれば止められるかがわからないんです！

――心理士、インタビューにて

ＳＨＳの悪影響３：搾取

私は大学を卒業すると、すぐにカリマンタン（ボルネオ島）のジャングルへ飛び立ちました。ジャワ島から小型飛行機でパンカラン・ブンに行き、そこからクロトックという小さな川船で8時間かけてセコンヤ川をさかのぼり、キャンプ・リーキーにあるオランウータン研究センターに向かいました。そこでテングザル研究施設の建設を手伝うことになったのです。私は木の板をのこぎりで切ったり、かんなをかけたりすることから、生い茂ったつる草を短刀で刈り込んで、研究助手たちが夜間にオランウータンを追跡できるようにしたりと、あらゆる作業をしました。

ボルネオ島にいる間、私は地元のダヤック族の人たちからラフレシアのことを教えてもらいました。島に生えるその花は、腐肉臭を放ってハエを引き寄せるところから、死体の花と呼ばれています。鮮やかな赤や茶色をした、世界で一番大きな花です。ラフレシアには光合成の能力がまったくなく、栄養素を自分で作ることができません。別の植物の根や茎にとりついて生きる、完全な寄生植物なのです。

援助せずにいられない人は、自分が都合よく利用されているのではないかと感じることがよくあります。悲しいことですが、しばしばそうなっているのが真実です。自分のニーズを主張しないので、簡単に食い物にされてしまうのです。

人を搾取しようとする人が、さまざまな姿で現れます。援助者にとりつく寄生生物のような人たちです。中には自分が何をしているかわかっていない人もいますが、わかってやっている人もいます。一方、援助者自身も、ラフレシアに寄生される植物と同じように、自分が利用されていることに気づいていないことが多いのです。私の知り合いの女性（ここではスージーと呼びましょう）は生まれながらの援助者と言うべき人で、この本を書いている間、ずっと彼女のことが頭に浮かんできます。

スージーは思いやりの塊《かたまり》のような人で、いつも誰かを助けています。私は、たくさんの人が彼女についたり離れたりしながら、自分に必要なものを手に入れていくところを見てきました。彼女の夫は、彼女につきまとう人たちを警戒して見張っていることが自分の仕事の一部だと言いました。ある日、何人かで飲みに行ったときのことを彼は回想しました。彼の隣には、スージーの新しい友人が座りました。その女性がまず言ったことは、「スージーってなんでもすぐに手伝ってくれるから、すごく助かる」でした。彼は家に帰るとすぐにそのことを妻に話し、「あの女性につきまとわれないように気をつけて」と言いました。

搾取しようとする人たちは、援助せずにいられない人を見抜くために特化したアンテナを持っています。たいていその人たちは、まずちょっとした手助けや相談を持ちかけてきます。一つの戦略として、被害者を演じることもあります。そうすれば、助けずにいられない気質の人が、思わず救助者の役割をしてくれるとわかっているからです。人間関係が深まるにつれ、援助されることを一層うれしく思い、さらに多くを期待しつづけます。

援助者もうれしい気持ちになります――そうすることが自分の当たり前の役割だと思っていますから。援助者は思いやりのある視点を持って、知らない人の良いところを見つけようとします。今度できた新しい友人は、これまでの人とは違うと信じたいのです。それで、手助けをすることが自分自身への満足につながります。そこにつけ入ろうとする人は、時間をかけて、この暗黙の契約からどれだけ多くのものを手に入れられるかと探りを入れながら、ますます多くの支援を手にします。

するとここで、前章に登場した「互恵性」が予想もしない悪さをします。**逆転現象が起きるのです。今や援助者は、ありがたく援助させてもらう立場になっています。**どれだけやっても足りません。もし援助者が手を引こうとすれば、それまでにしてきたことがすべて否定されます。援助者が非難される立場になるのです。

搾取しようとする人たちは、援助者の生活のさまざまな場面に姿を現します。人間関係のアドバイスがほしいときしか連絡してこない高校時代の友人。お互いを高め合う良きパートナーではなく、召使いをほしがる恋人。養育責任を放棄し、自分たちを養うように子どもに教え込む親――。

組織もまた、熱心に貢献してくれる人を利用します。私がかつて参加したことのあるボランティア団体はどこも、少数の人たちが階下の涼しい場所で指示を出す一方、大多数の人はデッキの上で陽射しにさらされながら活動していました。要求の多い上司は、援助をやめられない部下が大好きです。意欲的で誠実で、才能ある人が公正に扱われていない例は無数にあります。搾取しようとする上司が、その人たちを手放そうとしないからです。あるコンサルタント会社には、部下が誰も昇進しないことで有名なシニアマネジャーがいました。

援助者が食い物にされるような人間関係に陥ってしまうのは、思いやりある人だからです。ただ気がいいからという理由で、そうした人間関係にとらわれたままでいるわけではなく、**頼りにしていると言ってくれる人を見捨てることに罪悪感を覚える**からです。もし、あなたを食い物にして育つラフレシアが一人いたら、周りにもっとたくさんいる可能性が高いでしょう。

スポットライト3・3

SHSの三つの悪影響

あなたはこれまで、誰かに手を差し伸べたことで、次のような経験をしたことがありますか？

1　疲弊したことがありますか？
2　憤りを感じたことがありますか？
3　搾取されたことがありますか？

SHSによるこの三つの悪影響を経験したことがあるでしょうか。もしあるなら、その影響を軽減したり、二度と起こらないようにしたりするための材料が、このあとたくさん出てきます。

今は、このスポットライトについて、自分をジャッジする機会だとは思わないでください。この段階では、あなたの援助者として特徴を把握しているだけだということを、忘れないでください。

第4章

不合理な信念

ここから先はすべてSHSを緩和する方法の話です。私は応急処置のような解決策を示したいわけではありません。SHSの人に「援助を求められたらノーと言いましょう！」と勧めれば際限のない援助をやめさせられるかと言えば、それほど単純ではないからです（1980年代の薬物禁止キャンペーンのときにそういう提案がされましたが、薬物摂取が増えただけでした）。あるいは、「お風呂にゆっくりつかる、効果が実感できるセルフケアの時間を少しとるなどして、自分のニーズに対処するべきです」と言うのも同じくらい意味のないことです。私たちに必要なのはそういうことではなく、SHSの深層心理に分け入って、その人の信念体系に隠された潜在的な原因を見つけることです。

そもそも客観的な善悪などない。主観が善悪を作るんだ。[*4-1]

——シェイクスピア、『ハムレット』、第二幕第二場人を抑えがたい欲望に衝き動かすものは、その人の信念です。多くの心理学の先駆者たちが認めているように、人が情緒的に健康で、満足な人生を送るためには、土台となる信念が必要です。それぞれの信念が、その人なりの価値観や感じ方、ふるまい方を形づくるのです。

ただ、ここでいう信念とは、個人の人生観のようなもの（例えば、民主主義の重要性や神の存在を信じることなど）ではありません。もちろん、そうしたものは、人が自分は何者であるかや、世界の中での自分の位置づけを理解するときに重要な役割を担います。ですが、心理的幸福という観点から最も意味があるのは、人がその人自身について抱く信念です。それはつまり、自分の個性、能力、外観などについての自己評価、そしてとくに、人生の中で起きる出来事をどう捉えるか、といったことです。これらのことを古典的な認知行動療法のＡＢＣモデルを使って説明します。

原因は「出来事」ではなく「信念」

不意にかかってきた電話の発信者名を見た瞬間に、良くない話に違いないと早とちりしたことがありますか？　例えば、会社の上司からの電話だったらどうでしょう。あなたは心臓がドキドキして、胃がキリキリ痛みます。それはよくあることです。電話が鳴るたびにそうなるという人もいるくらいです！

このことをＡＢＣモデルを使って分解すると、信念がどのように私たちの行動に影響するかがわかります。ＡＢＣモデルのＡは「きっかけになる出来事（Activating event）」の頭文字で、このケースでは電話が鳴ることです。Ｃは感情や身体に引き起こされる「結果（Consequence）」で、ここでは不安で胃がキリキリすることです。このＡとＣは、どちらも私たちの意識にのぼります。私たちは、電話が鳴っているから不安になったのだとわかります。ですが、あとから振り返ってみると、「なぜ私は、あんなにつまらないことで動揺したのか」と自分を責めたくなるかもしれません。そこには、あなたが気づいていないことがあります。それが真ん中のＢ、つまり、その出来事に関する「信念（Belief）」です。

電話の場合なら、「私は何かまずいことをしてしまったんだ！」という考えが心に浮かんだのかもしれません。このように、何かの出来事を不必要にネガティブに解釈してしまう思い込みや考え方のことを、心理学の世界では「不合理な信念」と呼んでいます。ここで理解すべき重要なことは、**あなたの反応を引き起こしているのは、その信念であって、出来事そのものではない**ということです。

これは違った反応をする人を想像してみるとわかりやすいでしょう。ネガティブな信念を持たない人なら、あの場面では「どうしてボスが私に電話を？」と思うだけかもしれません。するとその人は、上司から何の話があるのかを知りたいとは思うでしょうが、ネガティブな感情がもたらす反応（胃の痛み）は起きないでしょう。このように、電話が鳴ることそのものは、ネガティブでもポジティブでもないニュートラルな出来事なのです。第３章に登場したジュリアは、駅で困っている高齢男性に気づき（Ａ：出来事）、助けてあげたい気持ちを抑えきれなくなりました（Ｃ：結果）。ですがその時点で、自分を（Ｃ）に駆り立てているものが自分の信念（Ｂ）であることには気づいていませんでした。

信念は、無意識下の思考です。人の無意識下の思考は驚くほどの速さで起こります。電話が鳴ったときは、数ミリ秒のうちに神経細胞（ニューロン）が発火しはじめます。[*4-a] 比較のために言えば、意識的な思考が私たちの経験を伝える速度はもっと遅いので、どうしたって追いつきません。電話が鳴ってから、それが意識にのぼるまでには0・5秒（1ミリ秒の500倍）ほどの時間がかかります。これだけの時間が経つうちには、無意識の思考系統のニューロンは、すでに非常に活発に活動しているはずです。

電話があったときに、信念によって反応が引き起こされるのは、わかりやすい例です。ですが、常にそれほどわかりやすいとは限りません。人はしょっちゅうAからCにつながっていると短絡的に判断します。例えば、誰かに向かってこんな表現を使うときはたいていそうです。「あなたは私に恥ずかしい思いをさせた」「あなたが私を怒らせた」「あなたには、いらいらさせられる」——。この全部がそうですが、感情的な反応を引き起こしたのは本当はその人自身の信念であって、相手の人の行動ではありません。他人の感情を直接動かせる人などいないのです。

あなたは今、町中のレストランでランチを食べ終わったところだと想像してください。ウェイターが勘定書きを持ってきたとき、あなたの友達がそれを手にして、こう言います。「私が払います。彼女は今、余裕がなくて」

あなたはどんな反応をするでしょうか？

ウェイターが立ち去ったあと、友達に向かって小声でこう言ったとします。「ねぇ、恥ずかしいんだけど。ウェイターさんにわざわざ言うことじゃないよね？」。このとき、あなたは友達が言ったことを認識し、それがあなたを当惑させたと言って友達を責めています。ですが、あなたに認識できていないことがあります。実際にあなたの反応を引き起こしたのは、この出来事についてのあなたの解釈だということです。あなたが恥ずかしく感じたのは、状況に対するあなたの理解の仕方です。つまり、あなたが彼女のことをどう思うか、彼女があなたのことをどう思っているかをあなたはどう思うか、ウェイターがあなたのことをどう思ったかをあなたはどう思うか、などです（認知的共感が花火のように打ち上がります）。まったく同じ出来事でも、もし違う解釈をしていたら、あなたはありがたく思ったか、面白く感じたかもしれないのです。

自分の感情のことで他人を責めるのは、あの不合理な信念が日常レベルで引き起こしていることです。人は誰でも、そういうことを常にしています。不合理な信念にはいろいろなタイプがあって、小さな図書館ならいっぱいになってしまうほどのテーマです。中でも私がとくに注目したいタイプがあります。それは、援助せずにいられない衝動を駆り立てる要因になるものです。

「べき」と「ねばならない」

私たちの思考の多くは、自分自身への指示（自己指示）の形をとっています。認知療法を創設したアーロン・ベックによれば、自己指示は、その人が生きていく上での「規則」です。こうした自己指示も不合理な信念の一種で、「べき」と「ねばならない」という言葉が出てくるところが特徴です。「私は体重を減らさねばならない」「私はもっといい親になるべき」「私はもっとジムに行くべき」

ドイツの精神分析学者、カレン・ホーナイは、これを「べきの暴君」と呼びました。ある人が、内心では自分の知性に自信がなく、知的な活動をして自分の価値を証明しなければならないと感じているとしましょう。そういう人は「常にトップの成績を取らねばならない」という規則に従って生きるのかもしれません。自分へのこの指示に従いながら精一杯努力して勉強し、Aランクの学生になり、学術の世界で栄誉をつかもうと際限なく頑張ることでしょう。信念は、このようにして人をやむにやまれぬ行動に駆り立てるのです。

自己指示は理不尽なまでに要求が高く、知らぬ間にふくれあがり、最後には実現不可能なものになります。アーロン・ベックは著書の中で、「規則が現実と調和を失った場合、また極端な形で、もしくは恣意的に用いられたりした場合に、心理的対人関係的な問題が生じてくる可能性が高くなる」[*4-2]と書いています。人は、こうした指示通りのことができなくなると、最後には自分自身を責めるのです。

SHSの悪影響4：自己批判

人は誰でも心の中に「内なる批評家」を抱えています。その声をどのくらい気にするかは、人によって違います。内なる批評家の声は、人生のさまざまな局面で大きくなったり小さくなったりします。新しい仕事を始めるときや人間関係を作るときのように、失敗のリスクが高いときほど大きな声になります。そんなものは無視すると言う人もいますが、たいていの人にとっては、頭の中で常に批評の実況放送が鳴り響いているような感じです。

援助せずにいられない人の場合、二つのレベルで自己批判が働いています。

一つ目は日常的なレベルで働く自己批判で、援助しようとする自分の努力が十分かどうかを常に過小評価します。そういう人は、絶えず「もっと努力するべき」なのです。あるいは、めったにないことですが、そういう人が援助しないことにした場合は、「自分はどうするべきだったのか」という考えがいつまでも頭の中をめぐります。これは、この本でたびたび出てくる罪の意識の表れです。内なる批評家が罰を課してくるのです。援助者と関わっていると、こうした罪悪感が実にたびたび顔を出します。

お客さん方からうまく利用されるんです――まるで私は、その人たちの専属相談員であるかのように。毎日1回は誰かしらが電話をかけてきて、話し込んできます。30分も泣きながら話されることもあります。私は、これから出かける用事があっても話を遮れなくて。用事があるなんて言えなくて。そんなことをしたら罪の意識に苛まれるでしょうから。

それで結局、私は残業をしたり、週末にたまったメールを処理したりしなければならなくなるんです。私は顧客の力になり、会社の役に立っています。ですが、そんなことがあるたびに、私個人の心の余力がすり減ってしまうのです。

――不動産業者、インタビューにて

さらに、まるで援助する努力を過小評価するだけでは罰として十分ではないかのように、二つ目のレベルの自己批判があります。前章で説明したＳＨＳの三つの悪影響（疲弊、憤り、搾取）について、援助者は、それらが起きることを自分のせいだと責めるのです。疲弊したり、憤りを感じたり、搾取されたりすると、そのことで自分を批判します。なんと残酷で不公平なことでしょう――内なる批評家は、思いやりある人を傷つける名人のようです。こうした自己批判はＳＨＳの四つ目の悪影響です。

立派な業績をあげているのに、そのことを実感できていない人を、よく見かけます。そういう人は、まるで鏡の部屋に閉じ込められてでもいるかのように、自分自身をゆがんだイメージで捉えています。**自分は、なすべきことがわかっていないのではないかという疑念につきまとわれたり、誰かを怒らせるのではないか、知らないうちに何らかの行動規範を破ってしまっているのではないかと恐れたりしています。**私から見ると、これは援助せずにいられない状態の人に、とくに当てはまるようです。皆さん、他人の気持ちにとても敏感で、細心の注意を払って言葉を選ぶような人なのに皮肉なものです。人を傷つけることなど一番しそうにない人たちなのですから。

内なる批評家を飼いならす第一段階は、そのことに意識的に気づくようになることです。

内なる批評家メモ日記

あなたには、これから5日間、自己批判的な考えについての日記をつけてもらいます。それは援助だけでなく生活全般との関係から、あなたの内なる批評家のことを知るためです。

自己批判的な考えが浮かんだら、できるだけすぐにそれを書き留めてください。自分の考えを文字で見ることで、それらに取り組みやすくなるでしょう。

耳を傾けるべき典型的な内容は、次のようなことです。

・自分の個性への批判的な思い
・自分の能力に対するネガティブな評価
・自分の見た目に対する否定
・他人との接し方についてのストレス

このスポットライトを終えたら、内なる批評家の声が大きくなろうと、自分が以前よりネガティブな思考を持ちつつあるように思えようと、心配しないでください。それは普通のことです。私のオンラインプログラム「あなたの内なる批評家を手なずけよう」に参加されるすべての人に、そういうことが起きています。内なる批評家の声を受信するすべを身につけることで、彼らとの関係を変えられるようになるのです。

あなたの脳は想定型援助者である

あなたの脳は、自分に満足していられるように配線されているわけではありません。**脳は、あなたを守るように配線されています。**ネガティブな記憶や感情が目立つのはそのためです。そういうものが、未来への警告サインのような役割を果たすのです。哲学者のマーサ・ヌスバウムを覚えているでしょうか。彼女は、私たちの思考様式の一部が感情によって決まると説明していました。つまり、人の判断のあり方が感情の影響を受けるのです。恐怖はその顕著な例です。

あなたが道を渡ろうとしているときに、バイクが速度を上げて近づいてきたとしましょう。あなたは瞬時に歩道に戻り、危険から逃れます。これは脳の早期警戒システムと言うべき扁桃体のおかげです。[*4-b] あなたが、「あら大変、バイクがこっちに来る。ずいぶん速そうよ。ぶつかってくるかも。轢かれないように歩道に戻らなきゃ」などと意識的に考える間もなく体が動きます。そのとき、おそらく扁桃体が首尾よく働いて、あなたの命を救ったのです。扁桃体の反射的な働きで、一連の神経回路が活性化されると、シグナルが視床下部と脳幹に伝わり、心拍数、血圧、それに呼吸のパターンが変化します。そうして筋肉に血液が流れ込むことで力が入り、あなたは道路から素早く跳び下がれたのです。

ただ問題があって、扁桃体はちょっとしたことで行動に出てしまいがちです。実際には何の危険もない場合でも、一連の化学物質とニューロンの応答が発火してしまうことがあります。上司からの電話がいい例ですが、**人は時に、何も恐れることはないのに脅威を感じることがあります。**あなたが自分は何かまずいことをしでかしたのだと思った瞬間に、内なる批評家が体内警戒システムのスイッチを入れてしまうかもしれません。すると心臓がドキドキし、てのひらは汗ばみ、胃がキリキリするのです。それはキッチンの煙探知機のようなものです。昔の煙探知機はオーブンを使うたびごとに作動していました。そこでオーブンの扉を開く前には窓を全開にして、換気扇を回さないといけませんでした。これはあなたの上司からの電話の場合と同じように、実際の脅威というよりも、予想される脅威に対して反応しているのです。

それでも人は、煙探知機から電池を抜き取るようにして、扁桃体の配線を簡単に切ってしまうことはできません。私が内なる批評家を追い払ったり征服したりするのではなく、手なずけるためのアプローチをとるのは、そういう理由からです。中には、追い払ったり征服したりするほうを勧める人もいるかもしれませんが、何千年もかけて進化してきたもののスイッチを切ることなどできないのです。それにあなたも、おそらくそのようなことは望まないでしょう。

神経学者のアントニオ・ダマシオは、二つの扁桃体がどちらも石灰化して手術不可能な状態になっていた、ある女性を研究しました。[*4-c] この女性は恐怖を経験することや、他人の恐怖をはっきり認識することができませんでした。彼女の感情は常に楽観的で、出会うすべての人に対してオープンで親しみやすく接しました。ところが、彼女は脅威になりかねないものを認識できませんでした。扁桃体の機能が正常な人が見れば「信頼できない」と判定される人の顔写真を、彼女に見せると、「信頼できる」と答えるのです。このことから、内なる批評家を完全に遮断することは、もしできたとしても、あまりいいこととは思えません。脳はあなたを守るように配線されているのです。

私たちは人生の4分の1もの長い時間を、自分の内なる声を聞くことに費やしています。[*4-d] この内なる批評家を利用することは、さまざまな面で、自分の「本物の声」を使うことに似ています。行動神経学者のジェームズ・トレシリアンは著書『How You Feel（感覚の起こり方）』の中で、この両者がどれほど似ているかを論じています。このことをトレシリアンに説明してもらいました。

人が声を出して話すとき、脳から発せられた制御性シグナルが筋肉に伝達され、音としての発話が起こります。これらのシグナルは脳の別の中枢にも伝わっていて、自分が発する言葉を聞く聴覚経験と、その音を発する身体の動きの感覚を調整する働きをします。

この後者のルートをたどるシグナルは、専門用語で、「神経筋制御シグナルの遠心性コピー」と言われます。私たちが内なる批評家の声を聞くときは、これらと同じ脳のメカニズムが働いて制御性シグナルが発せられますが、筋肉への経路は遮断されるので口の筋肉は動きません。そのため実際の発話は起こりません。それでも、発話の聴覚経験をもたらす遠心性コピーは伝達されますから、言葉を聞くかのような経験が起こり、内なる批評家の声が「聞こえる」のです。

私たちは自分の内なる批評家を無視することはできません。それは私たちの経験の中でも逃れられない部分です。その有害な影響を少なくするには、ひるまずに耳を傾けて聞き、理解することが必要です。大変な作業ですが、やる価値があります。あなたを解放し、力づけてくれます。そしてそれは可能なのです。

私はあなたに、内なる批評家の日記をつけてみることをお勧めしました。自己批判的な思考を文字にして目にすることで、客観的に評価することができるからです。内なる批評家がいかに冷酷で、不誠実で、不必要であるかを見るのです。内なる思考はたいてい繰り返されます。自分の思考がネガティブな感情を引き起こしているということをひとたび悟ったら、その後は自分の感じ方を変えることができます。

ここからは、それを成し遂げるための効果的な方法をいくつか説明します。

◆脱中心化

脱中心化[*4-e]は、思考の真ん中から自分を引き離し、客観的に眺められるようにするためのシンプルなテクニックです。自己批判的に考えてしまいそうになったら、**「私は今……と思っている」という言葉を付け足してみましょう。**その目的は、思考は単なる思考にすぎないということを自分に思い出させることです。

あなたの思考は絶対的な真実ではありませんし、あなたはそれを受け入れないといけないわけでもありません。脱中心化することで、感情への影響を少なくすることができます。このテクニックを使うと、頭の中で思考が反芻されることから自由になれます。

スポットライト４・２

自己批判的な考え方を脱中心化する

次にまた自己批判的な考えが頭をもたげてきたら、それに対して次のフレーズを当てはめてみましょう。

「私は今……と思っている」

例えば、「私は仕事のことであまり怒るべきではない」と考えていたら、「私は今、仕事のことであまり怒るべきではない、と思っている」という言葉で脱中心化します。

このテクニックが非常に有効なのは、なんと言っても瞬時にできるところです。仕事中でもプライベートな時間でも、そのとき、その場で、その思考を脱中心化することができます。

この脱中心化は、相手に対する批判的思考（決めつけ）にも有効です。心理療法士のカール・ロジャースは、あなた自身の反応をわきに置いて、「決めつけない」態度を維持するための方法として、脱中心化を推奨しました。

例えば、パラメディカルの人なら、こんなふうに思考の脱中心化ができ、患者さんの落ち度を探す思考と距離がおけるかもしれません――「自分は今、この患者さんはそもそも薬のオーバードーズをするべきではなかった、と思っている」。脱中心化をすることで、その思考の中身がはっきりし、職業人としての視点を取り戻すことができます。

◆内なる批評家を捉え直す

私のグループセッションでは、参加者それぞれに、自分の内なる批評家を絵にしてもらいます。これは内なる批評家のことを知り、理解するための楽しいやり方です。その声がもはや自分の頭の中にあるのではなく、自分が作り出した別の人格（ペルソナ）の声であることを思い描けるようになれば、その言葉を疑いやすくなります。

何か小さなものやコミカルなものから、その声が発せられるところを絵にするとよいでしょう。このやり方で、まずは内なる批評家から力を奪うのです。

スポットライト４・３

あなたの内なる批評家を無力にする

まずは、奴らの声や姿をイメージしてみましょう。怖い魔女みたいだと言う人もいれば、小生意気なチンパンジーのようだと言う人もいます。

・あなたの内なる批評家の声は、どんなふうに聞こえますか？
・もしそれが姿形を現したら、どんなふうに見えるでしょう？　イメージを絵にしてみましょう。

あなたの描いた絵について、案の定、奴らがこんなことを言ってきます――「相変わらず絵が下手だな！」。いいんです、言わせておきましょう。内なる批評家を無力にする絶好のチャンスです。彼らは、宿主であるあなたに発言を取り沙汰されると、途端に威勢がなくなります。

こんなふうに内なる批評家のイメージと対面できたなら、援助者としてのあなたに何を言ってくるかに注意を向けましょう。おそらくその声は、あなたを援助者としての行動に駆り立てる最も強力な要因の一つです。

援助者が持ってしまう信念

ＳＨＳの背後に潜む信念体系のことに話を戻しましょう。私は、人を援助せずにいられない気持ちに駆り立てる、典型的な四つの不合理な信念を特定しました。

1　「いい人」信念
2　「みんなを助ける」信念
3　「あの人は私がいないとやっていけない」信念
4　「ニーズはない」信念

これらはどれも、援助しようとする動機を不純なものにします。**思いやりから援助するのではなく、自分に課しているルールを満たすために、援助に飛びつくことになる**からです。この四つの不合理な信念の解体については次章から詳しく解説していきます。

ここでは、解体するにあたって、皆さんに知っておいてほしいことを先にお伝えします。それは「アプローチ・マインドセット（前向きに取り組もうとする気持ち）」を持つことと解体の基本ステップです。

マインドセットの科学

マインドセットとは、心理学の世界では、人が考えたり、感じたり、行動したりするやり方を形作る、一つまたは一まとまりの信念を意味します。最近ではさまざまな方面からマインドセットに関心が寄せられています。とはいえ多くの専門用語と同じように、この言葉もやがてはすたれていくかもしれません。この言葉は時として、漠然とした人生観のようなものを表すかのように使われることがあります。ですが、マインドセットには科学的な手法による裏付けが得られていて、驚くほど印象的な研究結果が明らかにされています。[*4-f]

マインドセットの効果を検討した有名な実験のいくつかを、アリア・クラムがおこなっています。クラムはスタンフォード大学の心理学者であるとともに、世界レベルのトライアスリートでもあり、運動による効果のどのくらいの部分がマインドセットによって決まるのかに関心を持ちました。

クラムはある研究で、アメリカの7つのホテルの客室清掃員を調べました。[*4-g]客室清掃員は毎日の運動量がかなり多いのですが、本人たちはそのことにあまり気づいていないように見えたからです。掃除機かけはだいたい1時間に200キロカロリー、浴室清掃は240キロカロリーを消費します。それでも、「運動になりましたか?」と尋ねると、清掃員たちの3分の2は「いいえ」と答えました。自分がどのくらい運動したと思うかを0～10のスケールで答えてもらうと、3分の1の人の答えは0

で、「まったく運動していません」と言いました。尋常でなく不合理な信念が働いています。

クラムは、この客室清掃員たちの半数に短いレクチャーを受けてもらうとともに、その人たちの職場に「あなたの仕事は、いい運動になる！」「活動的なライフスタイルを送っていて素晴らしい！」というメッセージを入れたポスターを貼りました。レクチャーでは、皆さんは公衆衛生局長官が推奨する1日運動量をすでに満たしていると話し、客室清掃の仕事をすることで期待できる健康上のメリットを11項目挙げました。比較のために、残りの半数の客室清掃員には運動は大切だというアドバイスだけを聞いてもらいました。

クラムは被験者たちの血圧と体重を測り、仕事への満足度を調べました。4週間後、仕事は運動になると聞かされたグループは平均で収縮期血圧が10㎜Hg下がり、体重が900グラム減っていました。仕事への満足度も向上しました。一方、運動は大切だとだけ教えられたグループには、特段の変化がありませんでした。わずか15分の介入をおこなっただけで、マインドセットが、「仕事は仕事にすぎない」から「仕事は運動にもなっている」へと変わり、その結果として健康上の改善が得られたと考えられます。

これを聞いてあなたは、「素晴らしいことだけど、結果の説明がつく何か別の要因があったのでは」と思っているかもしれません。私も初めて読んだときはそうでした。もしかするとレクチャーを受けた客室清掃員たちは、仕事に一層精を出すようになったのかもしれません（ただ、当人たちは、そんなことはないと言いました）。クラムも同じような懸念を持ちました。そこで彼女は、また別の実験をおこないました。

「ミルクシェイクにまつわるマインド」と名付けた研究では[*4-h]、参加者をイェール大学医学部の研究室に招き、2種類のミルクシェイクを味わってもらいました。一つは「理性派シェイク」、もう一つは「ご褒美シェイク」です。参加者にはシェイクに貼られているラベルもよく見るようにお願いしました。理性派シェイクのラベルには、「罪悪感なしの満足」という言葉とともに、「脂肪ゼロ、糖分ゼロ、わずか140キロカロリー」と書かれています。一方、ご褒美シェイクのラベルには、「頑張ったあなたへの至福」という言葉と、「脂肪30グラム、糖分56グラムのプレミアムな成分が贅沢にクリーミーに溶け合って、たっぷり620キロカロリー」と書いてあります。

参加者には静脈血の試料を採る採血装置につながった状態で、両方のシェイクを飲んでもらいました。研究者たちは、その血液を使い、空腹ホルモンと呼ばれるグレリンの血中濃度の推移を調べました。グレリンは人が空腹になると、それを知らせるかのように胃で分泌されるホルモンです。食事をとるとグレリンの血中濃度が下がり、それを受けて人は満腹を感じるのです。実験の結果、参加者がご褒美シェイクを飲んだときのグレリンの血中濃度は、理性派シェイクを飲んだときより3倍も低くなっていました。その下がり方は、摂取する脂肪とカロリーの量から栄養士が予想した値と一致しています。

ところが、この実験には仕掛けがありました。実は理性派シェイクとご褒美シェイクは、どちらも380キロカロリーの同じ飲み物だったのです。両者の違いはラベルに書いてあることだけでした。ミルクシェイクを飲みながら、その人が心に思い描いていた事態が、そのまま消化管の挙動（グレリンの分泌量の変化）に表れたのです。先ほどの客室清掃員たちの血圧の変化と同じです。実験を受けた人たちのマインドセットが、体の反応の仕方を決定づけたのです。

今やマインドセットの効果は、あらゆる方面の研究者たちに応用されています。若者にもっと健康的なものを食べさせようとする試みから、より確かな恋愛相手を選ぶプロセスまで、実にさまざまです。マインドセットを変えようとするこうした取り組み（マインドセット介入）の、とりわけ驚くべき特徴の一つは、何が起きているかがわかっている場合でも効果が発揮されるということです。ミルクシェイクの実験とは違って、たいていの介入は人をだますものではありません。もし、さらに詳しいことを知りたければ、グレゴリー・ウォルトンとアリア・クラムの編集による『Handbook of Wise Interventions（賢い介入のハンドブック）』という本が出ています。援助せずにいられない人たちにとって、マインドセットの知識は、不合理な信念から救ってくれるかもしれない救命ブイのようなものです。

◆アプローチ・マインドセット

あなたは常に自分の信念を携えながら人生を送っています。いくらそれが不合理な信念だと言われても、それらを解体することは大変なことでしょう。自分が無防備になるように感じられるかもしれません。不快な現実に抵抗したり否定したりすることは自然な反応です。こうした反応は、「回避マインドセット（後ろ向きの気持ち）」と呼ばれています。

画像技術を使った神経科学の研究では、この回避マインドセットとの関連が見られる脳の領域は、アプローチ・マインドセットと関連する領域とは異なることが明らかにされています。[*4-i]

回避マインドセット――人が怒りや不安などの感情を経験するときは、右前頭前野にある回避系が活性化します。一方、アプローチ・マインドセット――人が好奇心や熱狂などを経験するときは、反対側の左前頭前野が活性化します。

スポットライト4・4

アプローチ・マインドセットを持つ

今はひとまず立ち止まり、これまでの自分の反応をよく考えてみるのに、ちょうどいいタイミングです。

・ここまで読んできた数々の事例について、あなたはどう思いましたか？
・私がインタビューした人たちに親密さを感じたり、もしかすると、その人たちを守ってあげたいとすら思ったりしたでしょうか？
・自分は援助せずにいられない状態かもしれないと思っても、そのことをさらに探っていくことには抵抗があるでしょうか？

ここから先のスポットライトでは、自分の信念をよく吟味してみることや、新しいあり方を試してみたりすることに、あなたを誘《いざな》います。

もしあなたが、やってみようという気持ちでいっぱいなら、それは素晴らしいことです！

ですが、何かがあなたを引き止めるようなら、そのときは抵抗があることを認めてください。抵抗を感じるのは、普通のことです。

不快な気持ちを受け入れ、それがどういう感じかに注目しましょう。「やってみよう」も「抵抗がある」も、どちらも大事なあなたの気持ちです。

不合理な信念を解体する5ステップ

解体作業には次の五つのステップが必要です。

1　その信念を抱いていることを認める
2　その信念は不合理であることをはっきりさせる
3　その信念は有害であることをはっきりさせる
4　その信念を手放す
5　その信念を別の何かに置き換える

一つ目のステップは、「その信念を抱いていることを認める」です。あなたが心の内の信念の存在に気づいてもいなければ、そのおかしさを証明したり置き換えたりすることはできません。ただ、四つの信念の中には、皆さんが認めやすい信念と認めにくい信念があることを私は知りました。自分にとって認めにくい信念だと気づいたら、回避マインドセットのスイッチが入らないように気をつけてください。

二つ目のステップは、「その信念は不合理であることをはっきりさせる」です。これもやはり、信念によっては簡単にできるものとそうでないものがありますから、要注意です。

一部の信念は、それが不合理だと頭ではわかっていても、なお手放したくないと感じられるかもしれません。だからこそ私たちには、「その信念は有害であることをはっきりさせる」ことも必要なのです。これが三つ目のステップです。ここで考察するのは、特定の信念を抱くことに直接関連する有害な影響のことです。そうした影響は、ＳＨＳの悪影響があるところに、さらに加わってきます。そして実際に、ＳＨＳの有害さ（とくに自己批判）を悪化させます。内なる批評家は不合理な信念が大好きで、不合理なまでに要求が多く狡猾ですから、あなたがその信念に従った生き方をできていないときは、何度でも勝ち誇ったように指摘するのです。

四つ目のステップは、「その信念を手放す」です。手放すことは大きな力を発揮する場合もありますが、悲しい経験にもなり得ます。その変化そのものを自分で選んだ場合でもそうなのです。引っ越したときのことを考えてみましょう。あなたは新しい家を楽しみにしていました。そこは今より広いし、もっと便利な場所にあります。ですが、古い家の空っぽになった部屋を見て回るうちに、絵を飾っていたあたりの壁のペンキの色が変わっていることに気づきます。額縁の残影です。あなたは良いときも悪いときも、その家で過ごしてきたことを思い出しました。

組織コンサルタントのウィリアム・ブリッジズは、自身が考案した「トランジション・モデル」を使って、このことに注目を集めました。変化を成功させるには三つの段階が必要です。終わりの段階、トランジション（転機）の段階、そして新たな始まりの段階です。終わりの段階は、ともすれば見落とされたり雑に済ませたりされがちです。ですが、そういうやり方では、期待したようなポジティブな結果が損なわれかねません。私たちは時には立ち止まって、終わりを心に刻んだり、その儀式をしたりすることが必要なのです。ロッドの息子が小学校を卒業する日に、みんなで校庭に集まったのもそのためでした。私たちは、スクールカラーの藍色のバルーンが、子どもたちの手から放たれるところを見守りました。

不合理な信念を手放すときは、あなた自身を許すことが欠かせません——その信念をそれほど長く抱いていたことを、あるいはその信念によって人生に影響を受けてきたことを、許すのです。時間を取って、それを手放しても安全だということと、あなたの世界が粉々になったりはしないということに確信を持ちましょう。

一部の信念については、そこから真に自由になるために、ほかの人たちを許す必要もあるかもしれません。おそらく、その信念をあなたに吹き込んだ人、あるいはその信念を利用してあなたを搾取した人などです。**他人を許すということは、その人たちがしたことは正しかったと受け入れるという意味ではありません。そのせいであなたは傷つかなかったという意味でもありません。**許しによって、あなたが依然として持ちつづけている怒りや憤りを、すべて手放すことができるのです。

四つのステップが終わったら、「その信念を別の何かに置き換える」ことができます。四つの信念の代わりになる、より健全な「新しい信念」を私から提案します。新しい信念になじみ、取り入れていくための新しい行動もお勧めします。その行動こそが本当の癒しになる部分です。

手放しの儀式――モンペリエ小学校、2007年

第5章

「いい人」信念

私が見たところ、援助せずにいられない状態になっている人が一番よく抱いている信念は、「いい人」であることにまつわるものです。その人にとって、いい人とは、「人の助けになる」人のことです。あなたも当然そうだと思ったかもしれません。ですが覚えていてください。**誰もが、いい人であることと、人の助けになることを同一視するわけではありません。**

アトリエに閉じこもっている画家なら、この世に美を生み出している自分は、いい人間だと考えるでしょう。警察官にとっては、法を守っているのが、いい人です。熱列な環境活動家なら、プラスチックを使わない生活をしたり、気候変動対策を訴えるデモに加わったりする人をいい人と判断するかもしれません。そんな環境活動家と警察官がトラファルガー広場のバリケード越しに顔を合わせたら、どちらも自分のしていることはいいことだと言って正当化するでしょう。

私はいつも、人を助けることが自分の義務だと思ってきました。

誰もがそうするべきですが、誰もがそうするわけではありません。

——ヘルスケア・ストラテジスト、質問調査の回答より

「何をすれば、いい人でいられるか」の見方には、さまざまな要素が関わっています。中には、他者を助けることは個人的な定義の最重要項目ではない、という人もいるかもしれませんが、それでも「援助はいいおこないである」ということには誰もが同意するでしょう。

ところが、この考え方が独断的になってくると問題が生じます。他者を助ける人だけがいい人であるーーこのような考え方は、援助者が陥りがちな罠の一つです。援助者は、この独断的な指示を自分に課すのです。「私は自分がいい人であることを証明するために、誰かを援助しなければならない」。私はこれを「いい人」信念と呼んでいます。

子どもの頃に植え付けられた

彼女の母親は騒々しい物音を聞き、
屋根裏部屋であの男の子たち
戦争ごっこをしているのねと思った。
ところが階段を上ったら、

そこにいたのはジェマイマ。
母親はその手を取り、思い切りぶった。

――ヘンリー・ロングフェロー、『There Was a Litlle Girl（小さな女の子がいた）』

「いい人」信念は、幼い頃から形成されます――子どもの頃、とくに女の子なら、「自分はお手伝いをしないと認めてもらえない」と信じるようにしつけられたかもしれません。

想像してみてください。小さな女の子が、校庭で膝をすりむいて泣いているクラスメートを見つけます。女の子がその友達を保健室に連れて行くと、保健の先生から、あなたは本当にいい子ね、と言われます。夕食後、その子はすぐに兄弟たちと遊ぼうとしますが、母親から呼び戻されます。「ママがお皿を洗うのを手伝ってちょうだい」。寝る時間になると、妹に本を読んであげて、ほめられます。ところが翌朝、その子は小言を言われます。おばあちゃんにあげる誕生日カードをまだ書いていなかったからです。

私はどういうときに自分がいい子なのかがわかるようになりました。誰かからほめられると、自分は十分いい子なんだと思えました。人を喜ばせようとする自分の性質が、どこからきたのかがわかります。それを37年間も型どおりにやってきたのですから、やめるのは大変です。

――支援事業ワーカー、質問調査の回答よりよく知られていることですが、私たちは幼い頃から、両親や先生たちに言われたことを内面化していきます。その教訓は社会的規範によって補強されます。それはほぼ例外なく、あの黄金律と言われるもの――「汝《なんじ》が望む通りに他人に接せよ」――に一致するのです。さまざまな宗教が、いつの日か見返りを得られるために「いい」人生を送ることが大事だと強調していますが、この「いい」こととは、やはり他人をどう扱うかに関係しています。

旧約聖書と新約聖書のどちらにも、「隣人を自分のように愛しなさい」という教えがあり、イエスが、「それを実行しなさい。そうすれば命が得られる」と言ったと書かれています（私が持っている聖書では、この言葉がびっくりするような大文字になっています）。同じように、仏教やヒンズー教の経典でも、現世でのおこないが来世での運命を決めるとされています。

古代インドの哲学書、ウパニシャッドには、善なることを勧める訓戒の一つが次のように記述されています。「これと同じことを神の声たる雷が繰り返す。ダ！ダ！ダ！[*5-a] それは自制すること、与えること、思いやり深くあることである」。「いい人」信念を持つ人は、黄金律の熱烈な信奉者なのです。

心理学者のエルヴィン・シュタウブは6歳のとき、家族とともにナチスから逃れました。彼と妹は、かつて家政婦として働いていたマリア・ゴーガンに助けられ、かくまってもらいました。この女性がシュタウブのその後の人生に影響を与えました。シュタウブはアメリカの数々の一流大学で教授を務めながら、善悪をテーマに研究を続けました。最近、82歳になったシュタウブが権力の乱用を戒めるために作ったトレーニングプログラムは、ジョージ・フロイド事件が起きて以来、全米30以上の警察組織で採用されています。シュタウブは著書『The Roots of Goodness and Resistance to Evil（善のルーツと悪への抵抗』の中で、「ハンガリーで子どもの頃の自分に起きた出来事は、援助を必要とする人たちに誰かが手を差し伸べるようにするという、終生にわたるミッションを私にもたらした」と書いています。

シュタウブの学術研究においても、援助者の役割は幼いうちに強化されることが主張されています。彼は、「協調性あり」に分類された子どもたちは、自分を役に立ち、思いやりのある親切な人間だとみなすようになるというエビデンスを引用しています。子どもは、自分がほかの子や迷子の子犬を慰めることができると知ったときに、自分にいいことをする能力があると気づきます。シュタウブによれば、人は誰かをうまく助けられたときに、「自分が持つ、保護能力に気づく」のです。それによって、自分が人として役に立つという感覚と、人を助ける責任感が増していきます。**私たちはやがて、自分のこのイメージに従って生きようとします。**

そんな経験を重ねるうちに一部の人は、援助せずにいられない人への道を進みます。大きくなると、「いい人」信念がその人の基本ソフト（ＯＳ）に組み込まれ、援助行為が習慣性を帯びてきます。私は犯罪心理学を学んだときに、犯罪経歴という概念を知りました。若い犯罪者は、お店のお菓子を万引きするような小さな罪を犯すところから犯罪に手を染めます。それから徐々に腕前を上げ、出世街道を駆け上がるようにして、さらに重い犯罪を犯すようになるのです。こうして考えると、その様子はなんとＳＨＳと似ていることでしょう――あなたは子どもの頃に援助の道の一歩を踏み出すのです！

不合理な信念は、いったん根付いてしまうと、どれだけ援助や「いいおこない」をしても追い払うことはできません。成績はＡクラスなのに、自分の賢さが信用しきれない学生と同じです。いつの日かノーベル物理学賞をもらっても、旅行カバンにそれを詰め込み、ストックホルムから飛行機で帰る途中で、まだ自分が十分に賢いとは思えないでしょう。機内食のトレーのフタを取りながら、頭の中では依然として、ほかの候補者たちのリストを上から順に思い出し、誰もが自分より賢く、あの賞に値する人物のように思うのです。これが馬鹿げているように聞こえたら、思い出してください。不合理な信念はたいていあり得ないほど要求が高く、意識されることがないということを。人は他人のことには気づきますが、自分のことはわからないのです。

自分からの指示が、「私は一生懸命勉強しなければならない」にせよ「私は人を助けなければならない」にせよ、そういうやむにやまれぬ行動をしたところで、根底にある信念がなくなるわけではありません。何も変わらないのです。運転免許の実技試験を受けるときと似ています。あなたの隣には試験官が座り、あなたの一挙手一投足を見張っています。バックミラーをチェックしたかどうかまで見ています。あなたは評価されっぱなしです。「いい人」信念を抱いている人は、こんな試験が永遠に終わりません。どれだけ多くの人を助けようと、自分自身から批判されるのです。自分の思考を正す方法を見つけない限り――。

「いい人」信念を解体する

◆自分がその信念を抱いていることを認める

あなたは、「自分がいい人であることを証明するために、他人を助けなければならない」と信じていますか？

少し考えただけだと、そんなことはないと思われるかもしれません。それに「なければならない」という言葉は大げさに聞こえます。自分に向かってそんなことを言った覚えはないと思うでしょう。ですが、もう一度言います。それは無意識の信念なのです。もし、自分がこの信念を抱いているかどうかがはっきりしないなら、次のようなことを自問してみてください。

・あなたはいい人でいること、すなわち援助行為だと思いますか？
・援助しないときには罪の意識を感じますか？
・子どもの頃、お手伝いをするように厳しくしつけられましたか？
・もし私が、「あなたは人を助ける必要はない」と言ったら、ぞっとしますか？

一つ以上に「はい」と答えたなら、それは、あなたがこの信念に従っていることのしるしです。とくに「罪の意識」に注目しましょう。援助者の罪の意識は、「いい人」信念を持っていることの強い指標です。このことを認めるのはそれほど難しいことではありません。大変なのは、その次です。

◆その信念が不合理であることをはっきりさせる

私の経験では、この信念を抱いている人の前で、それは不合理だと説明すると、ちょっとした言い合いになることがあります。その人たちがこの信念を持ちつづけているのは、主義の問題です。いい人は実際に人を助けるし、自分はいい人でありたいのだと言い張ります。この信念は、その人のアイデンティティの一部なのです。自明で、議論の余地なく、素晴らしいことのようです。ある女性はこんなふうに言いました。「もし私がいい人でないなら、私って何？」

そういうわけですから、若干の動揺はあるでしょうが、とにかくやってみましょう。この信念がどうして不合理なのかを検討します。まず、ここまで見てきたように、「いい」という言葉の意味については、さまざまな定義の仕方があります。この事実だけからもわかるように、「いい人」信念を抱いていていない人なら、それが不合理であることはすぐに理解できるのです。あのAクラスの学生の信念は馬鹿げていると誰でもわかるのと同じです。

それでも、この信念を実際に抱いている人にそういう論法は通用しません。いいことはほかにもあるじゃないか、という考え方はその人たちに忌み嫌われます。「いいこと、すなわち援助である。以上」。

ところが、援助せずにいられない人たちは、その自分が従って生きているルールを、ほかの人にも守らせようとはしません。**自分以外の人が、いい人であることを証明するために人を助けるべきとは思わないのです。**例えば、自分が手助けしたり介護をしたりしている相手の人は、援助を必要としているのですから、援助を提供することはできません。でもだからといって、その人を悪い人だとは思わないのです。

この信念が合理的でない理由がもう一つあります。それは、この信念によれば、もし援助をやめたら、その人はいい人でなくなることになります。けれどもあのジュリアは、駅で高齢男性を助けずに急いで家に帰ったとしても、いい人でなくなるわけではありません。それに、援助しつづけることはどのみち不可能です。もしジュリアが病気で寝込んだら、彼女はいい人でなくなるのでしょうか？あるいは（いつかきっとそうなりますが）、彼女が年をとって他人を助けられなくなったら？

◆その信念が有害であることをはっきりさせる

もしあなたが「いい人」信念を抱いているなら、遅かれ早かれ認めなければならないことがあります。それは、**あなたは承認を得ようとして援助をやめられなくなっている**ということです。あなたは、ほかの人たちに、そして究極的には自分自身に、自分がいい人であると納得させようとしています。その行為は根本的には愛を勝ち取ろうとするものです。ですが、決して思い通りにはなりません。どれほど他者から承認されようと、その信念は満たされません。誰もが知っているように、愛は勝ち取ることなどできないものです（子どもの頃は、それができるかのように教え込まれていたかもしれませんが）。

あなたの自尊心が条件つきで保たれるのだとしたら、残念なことですが、あなたは自分自身と不適切な関係にあります。私を訪ねてくる相談者には非常に多いのですが、承認を得ようと必死になっているうちに、自分が誰なのか、人生に何を求めているのかがわからなくなっているのです。

◆その信念を手放す

「いい人」信念がどういうものかを理解すると、あなたは心がくじけるような思いになるかもしれません。自分に落ち度があるわけではないのに、あなたが人を助けようとする一番の動機は愛を得るためだ、などと指摘されるのは苦しいことでしょう。もうこんな本は閉じて、二度と手に取るものかと思っているかもしれません。でもだからと言って、私はあなたを責めたりはしません。何がしかの抵抗を感じるのは自然なことですから。

あなたは、ふと気がつけば、その信念にしがみついているかもしれません。「でも、いい人は実際に人を助けるし」などと考えて——。それとも、「私は自分がいい人だと証明したくて、人を助けていたんだ」と気づき、自分のことを利己的だと思っているでしょうか。「私の自尊心なんて、こんなにもろいものなんだ」と悲しんでいるでしょうか。これらの気持ちのどれかに気づいたら、自分を許す必要があるでしょう。そのあとで信念を手放すのです。人のお手伝いをしなければいい子じゃないと、あなたに教えた大人たちを許す必要もあるかもしれません。

◆その信念を別の何かに置き換える

ここまで読み進んだということは、あなたは新たな信念を取り入れることに興味があるのでしょう。次の信念を読んでみてください。

「私の自尊心は、人を助けることに依存しない」

私はあなたに人を助けることをやめるよう促しているわけでは決してないということは、おわかりいただけるでしょうか。これはただ、あなたの自尊心と援助とのつながりを断とうとしているだけです。暴君的な「ねばならない」も使っていませんし、何かをさせるための内部コマンドみたいなものは一切ありません。この新しい信念は、何がしたいかを選択する自由をあなたに与えます。

あなたが古い信念を手放し、自分の自尊心は人助けに依存しないという考え方をすることに決めたら、今度は、自分はいったい何に頼って自尊心を保てばいいのかという新たな迷いが生まれるかもしれません。ここからが面白いところです。

あなたはもう十分いい人です

序文で見たように、哲学や科学の世界では、人間性を悲観的に捉えることが長らく支配的でした。

さらに観察レンズの焦点を個々の人に向けたとしても、やはり人は自分のことを否定的に判断しています。では、ここでレンズの倍率をさらに上げ、特定の一人のことを考察してみましょう。あなたです。あなたは本来、いい人ですか、悪い人ですか？　もし今ここで自分に総合点をつけるとしたら、どうでしょう。マイナス10（ものすごく悪い人）からプラス10（ものすごくいい人）の間でスコアをつけてみることはできますか？

この問いに対する申し分のない答えは次のようなものです。

馬鹿げた質問ですね。どうやったら自分に点などつけられます？

私はいいおこないをすることもあれば、そうでないことをすることもあります。私には良い性質もあれば悪いところもあります。自分の個人的な行動規範に従って生活することもあれば、もっと力を抜くこともあります。

それでも私という人間は、私の行動や能力、性格特性の総合体などではありません。どんな形であれ、自分のことを総合評価しろだなんて、くだらないと思います。

残念ながら、このような答えをする人は、めったにいません。自分に総合点をつけることは非常に簡単に思えるのです。そしてもっと残念なことに、たいていの人は自分に高い点はつけません。何と言っても、私たちには内なる批評家がいますから。自分の良い性質を控え目に見せるのです。

私たちは自分がしなかったことについて自分を叱ります。援助がやめられない人なら、とくにそうです。私がインタビューの中で「いい人」信念のことを説明すると、何人かの人は、それまでリラックスして感情豊かに話してくれていたのに、黙り込んでしまいました。椅子に深く腰掛け、腕を組み、それから遠くを見るようにして、カメラから目をそらそうとします。私には、そういう人たちが一生懸命考えていることがわかりました。それからしばらくすると、今の話が心に響いたとしぶしぶ認めるのです。

もちろん現実生活の中では、自分にマイナス10からプラス10の間で総合点をつけることなどありません。私たちが自分を採点するのは、「自分はまだまだだ」「もっといい人になるべきだ」「私はだめだ」「出来損ないだ」「すぐにだまされる」「私は人に好かれない」などと思うときです。**これらは必ずしも意識的な思考ではありません。ただ、あなたは、こうした思考がもたらす結果には気づきます――自分がいやになるのです。**

あなたが、「いい人」信念を受け入れることをやめ、援助とは無関係な自分の価値を見出そうとしているとして、「私は強くて素晴らしい」のような肯定的な表現を提案し、鏡の前で毎日5回、繰り返し言いましょう、などとアドバイスするのは簡単です。もちろん、そういうことをやってみてもかまいませんが、マインドセットの変化はそのようなやり方でうまくいくものではないのです。

私はその代わりに、何人かの深い洞察力を持つ思想家の合理的な論拠を紹介しながら、自分を評価することの功罪や望ましいあり方を考えてみたいと思います。

自分にラベルを貼らない

自分に点数をつけるように求めることは、なぜ馬鹿げているのでしょうか？　第一に、それは自分に「私はいい人」「私は悪い人」などのラベルを貼ることになるからです。そういうことはナンセンスだと、何人かの哲学者が指摘しています。

一般意味論という学問領域を創始したアルフレッド・コージブスキーは、「ジェスは不親切だ」のようなラベルを用いることは言語の正しくない使い方であると主張しました。そのラベルが言っているのは、抽象的な概念に過ぎないからです。

コージブスキーなら、「ジェス」と「不親切」が二つとも抽象概念だと言うでしょう。「ジェス」と呼ばれるその生物のことは完全にわかるわけではありません。その言葉は、別のとき、別の人にとっては、別のことを意味します。私の体内には、子どもの頃と同じ細胞はほとんど残っていません。現在の私が知っている私は、子どもの頃の私が知っていた私ではありません。その上、「不親切」が何を意味するかについての共通の理解があるわけではありません。どんな言葉も、その意味は無限の解釈が可能です。

「不親切」のような言葉は、コージブスキーが「高次の抽象概念」と命名したものです。彼は、人が「○○は●●だ」と言うときには構造的な意味論の問題がある、と論じました。コージブスキーの理論は複雑で魅力的です。彼が書いた大作『Science and Sanity（科学と健全性）』は、いらいらした読者が高層階の窓から投げ捨てても大丈夫なように、縫製のしっかりした布貼りの装丁にするべきだ、とコージプスキー自身が冗談を言ったような書物です。それはともかく、「ジェスは不親切だ」のようなラベルがいかに有害であるかは簡単にわかります。ラベルをつけることは不合理な信念のもう一つの見本のようなものなのです。まずは自分にラベルを貼るのをやめてはどうでしょうか？

多大な影響力を持つアメリカの精神科医、デビッド・バーンズは、「認知のゆがみを解消する」ための数多くのテクニックを示しました。彼もまた、コージプスキーが異議を唱えたようなラベル貼りの類の問題に取り組んでいます。バーンズが処方する一連の議論についていくために、例を用いましょう。

あなたは自分に「わがまま」というラベルを貼ろうとしているとします。「わがまま」という言葉の意味を定義しようとすると、この言葉にも無限の解釈があることに気づくでしょう。そういうものは脇に置き、おそらくあなたは、わがままを「自分本位のことをする人」と定義するでしょう。ですが、その定義のもとでは、私たち全員がわがままということになります。なぜなら、人は時として自分本位のことをするからです。全人類はわがままである、ということを認めない限り、あなたの定義は妥当とは言えません。そしてもし全人類がわがままであるなら、あなたがそうであっても、とくに悪いことではないのでは？　あなたは、自分がほかのみんなと同じだと言っているだけなのですから。それとも、あなたが言うわがままの定義とは、ほかの人よりずっとわがままなことをする人のことでしょうか。でも、その意味は？　ほかの人とは何人の？　どういう人？　どのくらい頻繁に？　わがままな人は人類の半数の人より頻繁にわがままなことをする人だ、とでも言うのでしょうか。

ですが、ちょっと待ってください——あなたはわがままなのは人類の「半数」だとする区切りを勝手に決めています。そして、その度合いを誰が決めるかは知るすべがありません。あなたは通りを歩きながら、すれ違う人を気まぐれに指差しては、わがままな人、わがままじゃない人、わがままじゃない人、わがままな人——とでも言うのでしょうか。でも現実に「わがままな人」と断定できるような人は存在しないのですから、あなたがその一人になることはあり得ません。もう一度言います。自分にラベルを貼るのをやめてみませんか？　それは解放的なことではないですか！

いい人とはどういうことか

この章の大きなテーマである「いい人」とはどういうことかに戻って、ロバート・ハートマンの業績を見てみましょう。ハートマンは、ベルリン大学に所属しながら反ナチスを掲げた哲学者・論理学者で、１９３３年にドイツを脱し、欧州から逃れたのち、アメリカ、メキシコの複数の大学で教授を務めた人物です。

プラトンは『国家』の中で、善とは、あらゆるものに光を当て、あらゆるものを温め、あらゆるものを豊穣にし、あらゆるものに力をもたらす太陽に似ている、と言っていますが、ハートマンはプラトンの詩的な答えには満足しませんでした。「いい」とは何を意味するかという問題に取り組んだあらゆる思想家の書物を読み、数々の辞書や印刷物に記された何千もの用例を集めました。こうした努力の末にハートマンが導き出そうとしたのは、「いい」ということを数学的に論理的に分析することです。

彼はこんなふうに書いています。「ある物は、それが持っていると想定されるすべての特性を備えているときに、〝いい〟のである」。ハートマンのこの公理は、単純な物体について考えるときには簡単です。

リンゴを例にとりましょう。それはいいリンゴでしょうか？　私たちは、リンゴが持つべき特性について、かなり明確な概念を持っています。例えば、シャキシャキして、ジューシーで、甘いことなどです。惑星のような形であること。緑色か赤色で、決してオレンジ色ではないこと。全体がつやつやかでなめらかな表面をしていること。できれば傷や穴がなく、虫がいないこと。こうしたことがすべて揃っているなら、いいリンゴと呼べるでしょう。

では、あなたはどうでしょうか？　ハートマンは、「いい自分とは、自分自身に対して正直で、誠実で、真に忠実であることだ」と述べています。つまり、それが「自己」です。しかし、リンゴとは違って、いい自己であるためにどのような性質を持つべきかは、明らかではありません。いい自己とは何なのでしょう？　ハートマンの答えは、自分自身を定義できるのは自分だけだということです。

自分自身を意識すればするほど、私はより一層、さらに明確に自分の「自己」を定義し、まっとうすることができ、ますます道徳的に善い人間、いい「私」になる。私が私であるなら、私は道徳的に善良である。

——ロバート・S・ハートマン『Freedom to Live（生きる自由）』

◆あなた自身に忠実であること

私は私であればいい、というハートマンの答えは、気持ち良いほどシンプルでありながら、この上なく難解です。私の「自己」とは何でしょう？　たった今、見てきたように、私たち自身を完璧に定義することは不可能です。私たちはいろいろな要素でできていますし、さまざまな役割を担っているはずです。それにあなたは1分ごとに、全生涯を通じて変化しています。私たちは皆、自分の「自己」への永遠の可能性を秘めています。ですが、本当の「自己」について強い自覚を持っている人など、ほとんどいません。

私たちは教えられたルールに従って生きています。私たちは社会から期待されることに支配されています。多くの援助者は、自分が満たしている援助の役割を列挙していくくらいでしか、真の「自己」を実感することはできません。それは驚くほどのことではありません——もしあなたが他人のニーズのみに注意を払うように育てられたのなら、自分は何者か、自分にとって何が大切か、自分は人生に何を望むのか、といったことを見出す余地はありませんから。

あなたの真の「自己」を見つけようとすることは、一種の冒険です。他人があなたに望む姿の反映ではなく、より自分らしく生きる道を探していくうちに、可能性、自由、それに喜びの感覚に出会えます。子どもの頃に束縛されていた人なら、なおさらです。これは私の人生の大きなテーマの一つでしたから、その旅路の一部をご紹介したいと思います。

子どものころ、私はトイレでトイレットペーパーを2枚までしか使ってはいけないと言われていました。母は私がどれだけ使ったかを監視していました。ペーパーがなくなったときに私が補充していなかったら叱られました。母は私が人からおもちゃをもらったら、それが何であっても取り上げました。いつか母がそれを売りたくなったときのために、箱に入れてしまっておくのです。10歳になる頃には、料理と掃除が私の仕事になっていました。自分の服の洗濯も自分でできる年齢でした。母が仕事から戻ったときは、ドアに鍵が差し込まれる音に気づかなければなりません。それが聞こえたら、急いでやかんを火にかけるのです。母がキッチンに来るまでに、お湯を沸かしておかなければなりませんでした。

このような管理された環境の中で、私は注意深い聞き手になることを覚えました。静かにしていることも覚えました。母のニーズを先取りすることも覚えました。ですが、私は自分が誰であるかという感覚、はっきりした「自己」の感覚を身につけることはできませんでした。それができたのは何年もあとのことです。

自分の本当の姿を知っている人はほとんどいません。とくに成長期はそうです。私の場合、おぼろげに感じられるようになったのは13歳のときでした。私は慢性的な頭痛に悩まされていて、さまざまな検査を受けましたが、どこも悪いところはありませんでした。CTスキャンの結果を教えてくれることになっていた神経科医が、母に少しだけ部屋の外に出ているように言いました。そして二人きりになったところで、本当の問題は別にあるのではないかと私に聞きました。私は「誰か相談できる人を教えてください」と答えました。

こうして私はようやく精神科医に診てもらえることになり、そのとき、自分がどうありたいかに気づいたのです。私は「両親のどちらのようにもならないようにしよう」という誓いも立てました（父がどういう人物であったかは、のちほど第7章でお話しします）。当時の私には、いつか居住型の家族福祉センターのような施設を運営したいという明確なビジョンがありました。その部分はまだ実現していませんが、そのとき初めて、自分がどういう人になれそうなのかを垣間見ることができたのです。人は誰でも、このような物語を持っています。こうした出来事が人生の極めて重要なポイントになります。そのことを信じ、追いかけ、育てていけば、私たちは本当の「自己」に近づいていくことができます。ハートマンは、あなたの「自己」を育むためには、次の四つの段階を経る必要があると提案しています。

1段目　自分自身を知る――きちんと時間と労力をかけて、自分が本当はどういう人物なのかを理解する。

2段目　自分自身を選択する――自分が何者かを受け入れ、自分の内部にあるリソースを最大限に活用する。リソースは無限であるとハートマンは強調しています。

3段目　自分自身を創造する――最良の自分になる。本物を目指す方向に動きつづける。

4段目　自分自身を与える――あらゆる制約を捨て、仲間の人々に与えることに寛大になる。

私がこの提案を気に入っているところの一つは、最終段階が、他者を援助する話になっていることです。前に書いたように、私は援助することをやめさせようとしているわけではありません。援助せずにいられない人が、自分が本当は何者であるか、本当は何を求めているかを考えたり、必要とする力や内部のリソースを蓄えたりするより前に、飛びつくようにして自分自身を差し出してしまうことを悲しく思うのです。

あなたの自尊心が条件つきの場合

不合理な信念というテーマを研究した一流の思想家の一人が、論理情動行動療法（Rational Emotive Behaviour Therapy: REBT）の創始者で心理学者のアルバート・エリスです。私は、「自分はもう十分いい人だ」という感覚を持つための方法を提案するときに、ＲＥＢＴのいくつかのテクニックを使っています。エリスは実存哲学から出発して成功した人で、ハートマン、コージブスキー、それにティイリッヒから影響を受けました。自身の主義や治療的アプローチについて50冊以上の本を書いています。ＲＥＢＴは、臨床心理学、組織心理学、心理療法、そしてコーチングの現場で応用されています。ほかの認知療法と同様に、「人の認知、感情、行動はすべてに密接な関連性があり、思考を修正することで精神的な問題を解消することができる」ということが前提になっています。これはまさに、私たちが不合理な信念を解体するために採用しているアプローチです。

ＲＥＢＴによれば、どのようなタイプであれ条件付きの自尊心は、あなたに良い影響を及ぼしません。条件付きの自尊心とは、自分の成果が積み上がっていくことでしか自分を肯定的に見ることができない状態です。

ゴンザレスという人が初マラソンに向けて練習しているところを想像してください。レース当日、彼はサブ４（4時間以内）で走り切り、ガッツポーズを決めました（ランナーズ・ハイ）。もし彼の自尊心が目標タイムの達成という条件付きであるなら、この高揚感は長続きしないでしょう。ゴンザレスが次のレースで同じタイムで走ったら、前回と同じふくらまし効果は手に入りません。もっと速く走らなければ、彼の自尊心は保たれないのです。もしタイムが遅くなったら、みじめな気持ちになるでしょう。条件付きの自尊心は、ほかの人とのネガティブな比較を引き起こすこともあります。どんなに速く走っても、ゴンザレスの前には常にたくさんの人がいるのです。条件付きの自尊心は満たされることがありません。

これと同じことが、自分をいい人と思うために人を助けることに頼っている状態です。相手に感謝されて気分が一時的に高揚したとしても、条件付きの自尊心は、欠陥品のエアベッドより早くしぼんでしまいます。

もし誰かがずっと困っていたのに、私はそのことを知らなくて助けてあげられなかったとわかったら、私は自分がいやになるでしょう。

――アーティスト、質問調査の回答より

◆無条件の自己受容はあり得るか？

そうなると当然のことながら、私たちには条件つき自尊心の代わりの何かが必要です。厳密な意味で代わりになるものは、ＲＥＢＴの柱の一つである無条件の自己受容です。これは、あなたの行動と自尊心の感覚を分けるという考え方です。ＲＥＢＴでは、人は自分の能力、性格特性、人生経験、成功や失敗などとは無関係に、ただ自分を受け入れるべきだと提案しています。自分を評価することを一切拒絶するべきだとも言っています。

ただ、私にとって無条件の自己受容は、砂漠の中の美しい蜃気楼のようなものです。近づくたびに消えてなくなるのです。それに、まるで「自分を評価することはきっぱりやめた。それでうまくいっている」などと言って自分を偽ろうとしているかのような、欺瞞的な感じもします。

もちろん、その理知的な議論は受け入れていますし、そうでなければ何ページも使って説明などしなかったでしょう。ですが、私が実際に自分についての総合評価をすべて手放したら、そこには空白が生まれます。そしてその空白は、すぐに新たな自己評価で埋め尽くされます。最初のうちは総合評価なしの空間ができて、いかにうまくいっているかを喜んでいても、そのうちに、そんな考え方をした自分をまた批判しはじめるのです。なんと皮肉なことでしょう！　もしあなたが無条件の自己受容を持てているとしたら、うらやましい限りです。ところが、こんなことを言うこと自体が、自分をまだ会ったこともない人と比べてしまうだめな習慣の表れです。

私は自分が本当に自己評価なしでいられるとはとても思えません。その上、REBTに公平を期すために言えば、無条件の自己受容を取り入れるには根気と多大な意志の力が必要であって、頻繁に脱線や後退を繰り返すことになるとエリス自身が認めています。私自身のためには、同じように有益でありながら、無理な力技を必要としない何かを目指したいと思っています。

無条件の自尊心を持つこと

あまりわずらわしくない解決策、そして私が心からお勧めする解決策は、無条件の自尊心を持つことです。これは、**但し書きのような条件を付けずに、自分自身を高く評価する**という意味です。自分で決めたことだからという理由のみで、自分自身をポジティブに見ることにするのです。自分の行動、能力、性格特性などがどうであろうと、自分に高得点をつけます。難しそうに思えるかもしれませんが、それは本当に難しいからです。

ですが忘れないでください。**あなたは自分以外の人のことでは、すでにそれができています。**あなたはほかの人たちには無条件の承認を与えていますし、大好きなペットにすらそうしています。生後8カ月のスパニエル犬がカーペットの上で粗相をしても、あなたは以前と変わらず愛おしく思うでしょう。

無条件のポジティブな自己評価には根拠がないため、論理的には正当化されないかもしれません。

そのことは認めますが、いつものデフォルトの状況よりはずっとあなたのためになります。自分自身をネガティブに評価することは、同じくらい根拠がなく、少しも論理的ではありませんから。無条件の自尊心は、たいていの人が疑問も持たずに採用している自己否定への反証になります。

もう一度、マイナス10からプラス10の評価軸を使うとしましょう。思い切ってつけるなら、あなたはどのくらい高い点にできますか？　もし自分にプラス10をつけるとしたら、どんな感じでしょう？　明日の朝、目覚めたときに自分がプラス10点だったら、どんな違った行動をするでしょうか？　あなたが維持できそうな最高点は何点ですか？

もし無条件の自尊心を試してみたいなら、次のスポットライトに取り組んでみてください。そのあとも、あなたをサポートし元気づけるためのスポットライトをたくさん用意しています。

スポットライト5・1

熱狂的ファンのマインドセット

無条件の自尊心を取り入れてみたいなら、スポーツの熱狂的ファンのマインドセットを考えてみるとよいでしょう。そういう人たちは応援するチームを自分の好きなように選びますが、いったんそうと決めたら、チームが昇格しようが降格させられようが応援しつづけます。

所属選手や経営陣が入れ替わっても、ファンはやっぱりそのチームが好きです。経営陣や選手の誰かが良くないおこないをしても、変わらずチームを愛します。チームカラーを身につけて、ごきげんです。誰かがそのチームを批判したら即座に反論します。

こういうマインドセットを自分自身に当てはめたら、どうでしょうか？

無条件の自己受容とは違って、無条件の自尊心は時間をかけて築くことも可能です。今日いきなり自分にプラス10点をつけるのは落ち着かない感じがするかもしれませんが、昨日より高い自尊心を持つことはできます。常に向上の余地があります。自尊心を持っていれば、自己評価が始まったと気づいたときに、即座に自分を叱るのではなく、たまには本当に高い点をつけることができます。自分を評価しても良いのです。ポジティブな評価でさえあれば。

無条件の自尊心を受け入れるという選択肢を示したとき、私のクライアントの皆さんがよく口にする疑問の一つは、「自分に高い点をつけると傲慢にならないか」ということです。理解はできますが、この疑問からは、その人たちがいかに自分に厳しくすることにとらわれているかがわかります。SHSに苦しんでいる人は傲慢とはほど遠い人ばかりなので、これを聞くと私は言葉を失います。人がそういう心配を抱くのは、決まって何かを修正しようとしているときです――やりすぎではないか、行きすぎではないか、急ぎすぎではないか、と。そんなことがあまりに多いので、私はこれに名前をつけました。フルムーン恐怖症です（またあとでも出てきます）。**その疑問を口にするという事実そのものが、何も心配することはないというしるしです。**そんな問いかけをしている自分こそ、自尊心を持って良いのだと気づいたとき、皆さんの目が覚めます。そのときから、自分は一体どうして自分に厳しくしてばかりいたのかと考えはじめます。**私には自分をよしとする権利があると――**。

いったん高い水準の自尊心を手に入れたなら、次に大事なのはそれを守ることです。たとえ自分の個人的規範に恥じない生き方ができていないときでも、です。

さて、あなたはどうやって自分が手にした自尊心を守り、自分はもう十分いい人だという信念を抱きつづけますか？

セルフ・コンパッション――自尊心の守り方

内なる批評家のボリュームを下げると、内なる優しい声が聞こえてきます。人は誰でも、生まれたときから、この声を聞く能力を持っています。私たちはただそれを育めばいいのです。そこで登場するのが「マインドフルなセルフ・コンパッション（自分を思いやり、いたわること）」です。私は臨床心理士の同僚から、20年ほど前に初めて教わりました。ですが、それにまつわるあらゆることを先送りにしたことを告白しなければなりません。

多動気味の外向型人間としては、じっと黙って座り、その瞬間に存在しようと試みる、という考え方が完全に時間の無駄に思えたのです。それとともに、誰かが私の支援を必要としているときに自分に優しくするという考えに、嫌悪に近い気持ちを抱きました。セルフ・コンパッションは今でこそ広く受け入れられていますが、それでも私と同じような反応を目にすることがあります。ＳＨＳを経験している人は、セルフ・コンパッションを自分への甘やかしと捉える場合があります。これは、その人たちが自分のニーズに無頓着でいることの悲しい反映です。それまでの全人生を、問題解決モードで過ごしてきたのです。ハムスターのように、援助という回し車から決して降りません。

セルフ・コンパッションは、そういう人たちに別のモードを提供します。より優しく、より寛大な許しのモードです。そこには三つのレンズが付いています。セルフ・カインドネス（自分への優しさ）、自分の人間らしさを認める、そしてマインドフルネスです。

◆レンズ1：セルフ・カインドネス（自分への優しさ）

親友から電話があったところを想像してください。彼女は悩み、自分を責めています。電話の向こうで泣きながら、そんな自分を恥じています。あなたはどう対応しますか？「泣き言を言わないで。そんなこと誰も聞きたくない！」と言って電話を切りますか？　いいえ、もちろんそうではないですね。あなたは忍耐強く話を聞きます。彼女の痛みを感じ、慰めてあげたいと思います。あなたは慰めの言葉をかけます。

でも……あなたは自分が悩んでいるときは、自分自身をどう扱いますか？　あなたはネガティブな感情を葬り去ろうと一生懸命になります。立ち直るように自分に言い聞かせます。その日はずっと、うわべだけ微笑みながら、落ち込んだ気持ちをひきずります。こうした不健全な防御（回避マインドセット）は、本当の気持ちを見えなくさせるだけです。その下で悩みがくすぶりつづけます。それはまるで、私たちがあの黄金律をつかんでひっくり返したかのようです――私たちは自分より、他人に対して、ずっと良いことをするのです。

私たちは他人にあげている優しさを自分自身にあげてもいいのです。それがセルフ・カインドネス（自分への優しさ）です。以下の四つのスポットライトで、そのやり方を説明します。アプローチ・マインドセットにスイッチを入れ、わくわくする好奇心を感じながらやってみてください。

スポットライト５・２

ハーフハグ

1 片手を心臓の上に置き、もう一方の手をお腹に当てます。

2 呼吸しながら、お腹が上下するのを感じてください。

3 その場所に手がそっと触れているのを感じてください。ぬくもりに注意を向けましょう。

4 この世で一番大切な誰かをハグするときのように、穏やかな愛や心遣い、それに繊細な気持ちを丸ごとハーフハグしてください。

5 安心して、しっかり自分を受け止めながら、15秒ほどそのままでいてください。

ハーフハグは、自分を見失わないでいたいときにいつでもできます。不安な気持ちのときに落ち着かせてくれます。失いかけた自信を取り戻すことができます。ほんの短い時間で大丈夫ですから、いつでもどこでもできます。ストレスだらけの会議で悪戦苦闘しているようなときも、ちょっと抜け出して化粧室に行き、素早くハーフハグをしてみましょう。

ここで回避マインドセットの警告を！　自分のお腹に手を置いたときにありがちなのが、「お腹出すぎ？」「私って太ってる」などと考えてしまうことです。それは、おかしくないですか？　セルフ・カインドネスとは正反対です。内なる批評家はどこまでもつきまとってきます。もしそういうことが起きたら、スポットライト4・2（115頁）の出番です。脱中心化の練習をする絶好の機会です。「私は今……と思っている」という言葉を付け足してみましょう。

スポットライト5・3

穏やかな呼吸

このエクササイズには10分ほどかかります。没頭できるように、タイマーを使ってもいいでしょう。

1　次に示すリストから、あなたが今すぐ必要としている優しさを表す言葉を一つ選んでください。

エネルギー　　優しさ
自信　　興奮
好奇心　　明晰さ
励まし　　知恵
思いやり　　ひらめき
自由　　力

2　楽な姿勢で椅子に座り、足裏を床につけ、両手をお腹に当てます。
3　目を閉じるか、または焦点を定めずに視線を前方の床に落とします。
4　呼吸を意識して、深呼吸を3回してください。
5　その後は息を吸うたびに、先ほど選んだ言葉を頭の中で静かに言いながら呼吸します。その言葉の深い意味と、今ここで、それがあなたにもたらしてくれるすべてのことを十分に取り入れます。
6　呼吸に合わせるように、その言葉に満たされることを意識しましょう。
7　息を吐くたびに、その言葉を手放しながら、座っている椅子に身をゆだね、支えられている安全な感触を味わってください。
8　息を吸うたびに、全身を満たすかのように、その言葉を深く取り入れましょう。

穏やかな呼吸のための言葉は、日ごとに違うものを選ぶことができます。続ける時間も、自分にとってちょうどいい長さに調節してかまいません。もし何かの出来事が、あなたの内なる批評家を焚きつけることがわかっているなら、それに対する下準備としてこの穏やかな呼吸を使っても良いでしょう。そのときにあなたがどう感じていたいかを表す言葉を選びましょう。

スポットライト5・4

セルフ・カインドネスの祈り

エネルギーが落ちていると感じるときは、次の文章をゆっくり声に出して読みましょう。

今この瞬間、自分がどう感じていようとも、その感情を自分に許しながら、
体は疲れ、気持ちは複雑で、思考にまとまりがないことも認めながら、
私は自分に与えよう。冷たい世界の中で暖かさを、暗闇の中で柔らかい光を、
混沌の中で静穏を、自分を高揚させるための柔軟な力を、
そして進んでいくための勇気を――。

◆レンズ2：自分の人間らしさを認める

苦しむのは人間だからです。理性のレベルでは誰もがそれを知っています。ですがおかしなことに、人は自分の感情にとらわれていると、そのことを忘れます。苦しんだりしてはいけないと、自分に言いきかせてしまうのです。他人への思いやりに満ちている人なのに、自分への思いやりがあまりに欠けているのは皮肉なことです。

ここで求められるのは、マインドフルなセルフ・コンパッションの第2のレンズを通して見ることです——それは、自分も人間だから、苦しむのは当たり前だと悟ることです。無条件の自尊心の感覚を養うことは、自分に寛大になることを意味します。あなたは、ほかの人の苦しみは終わらせられるのに、時として自分の苦しみに対しては、それができません。ですが、あなたは自分に理解と愛を与えてもいいのです——自分が自分の悩みを打ち明けられる人になりましょう。

スポットライト5・5

自己是認の宣言

自分を責めはじめたとき、またはネガティブな自己評価に逆戻りしそうになったときに使ってほしいフレーズを紹介します。

たとえ＿＿＿＿＿＿としても、私は自分を心から深く愛し、自分を認めます。

傍線部に、あなたのネガティブな感情や状況を具体的に挿入し、フレーズを完成させてください。こんな具合です。「たとえ今日はひどく不安を感じるとしても、私は自分を心から深く愛し、自分を認めます」

必ずしも、短くまとめる必要はありません。きちんとした文章になっていなくていいんです。

「たとえ今日はひどく不安で、信じられないことに私は店員さんに文句を言ってしまい、そのことをひどく後悔しているし、このナントカコンパッションとやらが効いてるとはとても思えないとしても、私は自分を心から深く愛し、自分を認めます」

こんなふうに、ネガティブな思いをどんどんつなげていくと、心が軽くなるかもしれません。いったん始めたら、どれだけたくさん出てくるかに驚かれることでしょう。

自己是認の宣言をやってみて、何か抵抗を感じましたか？　最初の何回かは実行するのが難しいかもしれません。服がフィットしないような感じがするかもしれませんが、続けてみてください。私が初めて試したときは、「自分を心から深く愛し、自分を認めます」と自分に言うことを考えただけで、きまり悪くなりました。ほかのいろいろな考えを取り入れようとするのも難しいことでした。それでも今や、私が一番頻繁にやっているエクササイズの一つがこれです。ささやかでも素晴らしい自尊心回復法です。

次のエクササイズは、あなたが自分の人間らしさとの結びつきを失ったときに、いつでも使えます。いくつかのフレーズは覚えられるかもしれません（写真に撮って保存してもいいでしょう）。苦しいときに自分に向かって声に出して言うと、自信が戻り、心が鎮まります。もしほかの誰かをケアしている最中につらいことがあったら、心の中で言ってみるのもいいでしょう。

スポットライト5・6

自己批判への許し

いつも自分に厳しくしている友達に、心を込めて話しかけるようにして、次のフレーズを自分に向かって言いましょう。

残念だけど、あなたは今、自分につらく当たっている。
あなたが今、大変な状況にいて苦しんでいることがわかります。
自分がどう感じようと自分を許してあげて。
そして私があなたのために、ここにいることを覚えていて。

人は誰でも、時には自分を不当にジャッジします。
あなたを心配しています。あなたはもう十分にいい人です。

この言葉を携帯電話に録音しておいてもいいでしょう。自己批判にとらわれて文字を読むことすらできないときでも、音声を聞くことができるように。

◆レンズ3：マインドフルネス

マインドフルなセルフ・コンパッションの第3のレンズ、それがマインドフルネスです。このレンズを通して見ると、私たちが、今ここに存在していることを認められるようになります。不快な感情から遠ざかろうとするのではなく、その感情に向き合うようになるのです。内なる批評家は、私たちをお決まりの筋書きに引きずり込むばかりですが、マインドフルネスは、今ここで起きていることに私たちを連れ戻してくれます。

もっとマインドフルな生活に近づくには、二つの道筋があります。一つ目は、毎日の瞬間瞬間に起きていることに注意を払うようにすることです。ゆっくり時間をかけて、自分の思考と感情に心を向けるのです。自分が内なる世界にからめとられていることに気づいたときは、いつでも自分の意識を引き戻せます。呼吸や体、あるいは身の回りの環境を利用しながら、地に足がつくようにしていきます。現在の状態がどうであれ、それを変えようとするのではなく、ともにあることができるようになります。時間が経つうちに、あなたは鋭い観察者になって、不合理な信念が湧き上がってきたらすぐにそれをつかまえられるようになります。そうしているうちに、不合理な信念は力を失います。ただ、こういうことは自動的に起きるわけではありません。マインドフルネスな生活に踏み出すことを意識的に選ぶところから始まるのです。

二つ目の道は、正式な訓練を受け、あなたの日々の実践をサポートすることです。これにはさまざまなタイプの瞑想が含まれます。多くのエビデンスで明らかにされてきているように、瞑想は健康改善に有用です。[*5-b] 定期的に瞑想すると、人は徐々に穏やかさとマインドフルを深められるようになり、瞑想していない時間にもそうなります。こうしたことをライフスタイルに取り入れたいなら、トレーニングを受講するのは良い考えです。瞑想法を教わるだけでなく、思考は単なる精神的な出来事にすぎない、現実でも真実でもないという認識が強化されるでしょう。

私のところに相談にくる人たちは、自分は心を空っぽにするのに向いていないと言って、瞑想することを難しく捉えるようになることがあります。ですが、マインドフルネスの瞑想は、あなたにそのようなことは求めません。その代わりに、あなたの注意が横道にそれたときはいつでも、それを焦点(呼吸のことが多いです)に向け直すよう訓練するだけです。スポットライト5・7は、その呼吸瞑想法です。私のサイト(www.jessbaker.co.uk/shs)にアクセスすれば音声版を聞くこともできます。

スポットライト5・7

マインドフルな呼吸

10分ほどのエクササイズができる静かな場所を見つけてください。没頭できるように、タイマーを使ってもいいでしょう。

1 楽な姿勢で椅子に座り、足裏を床につけ、両手をお腹にあてます。
2 目を閉じるか、または焦点を定めずに視線を前方の床に落とします。
3 呼吸を意識して、深呼吸を3回してください。
4 空気が鼻腔を通るたびに、その感覚を感じるようにしましょう。
5 息がお腹に降りていく感覚に意識を向けます。

息を吸うたびにお腹が持ち上がり、息を吐くたびにお腹が下がることを感じるようになったでしょうか。気が散ったときは、ゆっくりと気持ちを呼吸に向け直しましょう。

この呼吸……この呼吸……。

ただ呼吸することです。体が求めるがままに呼吸をさせることです。

何度気が散っても、ゆっくりと気持ちを呼吸に向け直しましょう。

……………

この呼吸……この呼吸……。ただ呼吸することです。

これを10分経つまで繰り返してください。

マインドフルな呼吸瞑想法が終わったら、瞑想の間に心に去来したことを思い出しましょう。気が散りましたか？　自分をジャッジしていましたか？　それはよくあることです。マインドフルネスへの鍵は練習することです。時間と継続的な努力が必要ですが、必ず役に立ちます。援助者は自分に不合理なまでに厳しいのですから、なおさらです。本書のためにインタビューや質問調査を受けてくださった人たちは、惜しみなく自分の時間を提供してくれました。皆さんの回答は、かけがえのないものでした。ですが、皆さんはよく、自分の答えが適切かどうかを気にしていました。「これで役に立ちますか？」「私はおしゃべりしすぎですね」「あなたの時間を無駄にしたのでなければいいのですが」

援助者の皆さんの自己批判のほどは、見ていて痛々しいほどです。援助者の皆さんがいかに多忙であるかを思えば、最後に挙げた言葉など、とりわけ皮肉なことです。私のほうこそ、皆さんの時間を無駄にしたのでなければ良いのですが。ある回答者に、援助行為の意義を具体的に七つ挙げていただいたとき（報酬に関することは一つだけ、残り六つは無償を前提としていました）、その方はこう書きました。「実は、自分が人の役に立つ人間だとは思えないのです」

そこで、次章で二つ目の不合理な信念の話に進む前に、自分にもっと優しくなるためのエクササイズをご紹介します。過剰なまでに自己批判的になったときは、いつでもこれをやってみてください。

スポットライト5・8

セルフ・コンパッションを高める

静かな場所でおこないましょう。

1　足を肩幅に広げて立ち、腕は体の横につけてください。
2　不安なくできるなら、目を閉じましょう。
3　呼吸に集中します。
4　次に息を吸い込むとき、深く吸いながら、ぎゅーっと体に力を込めてください。両手両足のすべての筋肉に力を入れ、顔をしかめ、両肩を耳の高さまで上げ、手と足の指を曲げます。
5　同時に心にも力を込めるようにして、ネガティブな思考と自己評価をつかんで抑え込みます。
6　この緊張を6秒間保ってください。
7　息を吐くと同時に、心と体に溜め込んだすべての緊張を解きましょう。

体の緊張を解いたら、少しの間、自分に優しさとサポートを与えてあげてください。リラックスした姿勢で、自分はもう十分いい人だという考えに身をまかせます。

「みんなを助ける」信念

援助せずにいられないという概念を初めて紹介したときに、写真家の話をしたことを覚えているでしょうか。彼女は19通りもの援助をしていました。ですが、彼女が最高記録というわけではありません。私が面談した人たちは、誰もが顧客やクライアント、患者さんなどから求められる以上のことをしています。そして、それは単なる出発点なのです。

皆さん、職場でもプライベートの時間でも、同僚のサポートもしていました。もちろん家庭でも。お子さんがいる場合は、自分の子どものことだけでなく、ＰＴＡで重要な役目を引き受けたり、子どもたちが参加する活動のまとめ役をしたりしていました。そのほか、ご近所さんに頼られたり、道端で立ち止まって見知らぬ人の手助けをしたり――。この人たちは、あらゆる人を助けようとしていると言わざるを得ません。

スポットライト６・１

あなたは誰を援助していますか？

スポットライト３・１の問いかけに対し、過去３週間に、あなたが援助したことを思い出せる相手をすべて書き出してください。継続的な援助関係にある人たちも、その場で急に申し出て援助した人も、すべてです。のちほど、このリストを参照します。

他人の苦痛を解消するために、できるだけのことをしてあげたいと思うのは理解できます。皆、賛同するでしょう。ですが、出会ったすべての人を助けることに個人的な責任を負うようになったら、それは不健全でしかありません。ほかの人全員の問題が、あなたの問題になってしまいます。「みんなを助けるべき」と考えることで、思考が不合理になるのです。これが援助をやめられない人をせきたてる、第二の暴君的な自己指示です。ＡＢＣモデルに当てはめるなら、きっかけになる出来事（Ａ）は問題を抱えている誰かを目撃すること、信念（Ｂ）は私はみんなを助けるべきだという考え、そして結果（Ｃ）が、援助せずにいられなくなることです。

ただ、こうしたことはあなたの気づかぬところで起きています。ほかの不合理な信念と同様に、「みんなを助ける」信念を抱いている人は、そのことに気づいていない可能性が高いでしょう。

小さなサイン

　ある日の午後、それまで何回か予約をキャンセルしていたクライアントが、ようやく姿を見せました。その女性は疲れ切っていたのだと言いました。話しているうちに、私は彼女が「みんなを助ける」信念を持っているのではないかと思いはじめました。そこで彼女に、自分の行動を日記につけてみるようにお願いしました。

　はじめ彼女はそんな時間はないと乗り気ではなかったのですが、1カ月ほどしてメールが届きました。そこには、彼女がある1週間の時間をどう使ったかが、きめ細かく記録されていました。それを読むと、彼女が早朝から深夜まで動き回りながら、複数の場所で患者さんの様子を見たり、遠くにいる親戚たちと何時間も電話で話したり、同じ市内のはずれにいる高齢の親族たちに会いにいったり、信仰関係の集会を運営したり、政府の無報酬専門アドバイザーとしての役割に数時間を費やしたりしていることがわかりました。その行動すべてに援助が関係していました。日記を見ても、彼女がいつ食事をしたかの細かいことはわかりませんでした（食べたのだろうと推測はされましたが）。どのページにも、「みんなを助ける」信念の爪痕が残されていました。そのことに気づいたとき、彼女はショックを受けながら、「もうわかりました。私って人助け中毒なんです」と言いました。

　誰かがこの信念を抱いていることを指摘しようとすると、ほかの人が必要になる場合があります。

憤りについての説明のところで、そのことに最初に気づくのは、たいてい援助者のパートナーだと書きました――代理立腹とでも言いましょうか。ときどき、自分に援助行為をやめさせようとするパートナーに、いらいらさせられるばかりだと言う援助者がいます。もし、そのパートナーがあなたを守ろうとしてそうしているなら、このいらだちこそが、「みんなを助ける」信念を抱いていることの小さなサインかもしれません。

また、写真家や日記をつけてもらった女性の例を読んだときに、あなたが「全然大したことじゃない！」と思ったなら、それもまたサインになります。あるいは、「私は、そこまでしていない」と思い、自分はまだまだだと自己批判したりすることもそうです。もしあなたが、みんなを助けるべきだと信じているなら、あなたはおそらくＳＨＳの悪影響（疲弊、憤り、搾取、自己批判）を一つ以上、経験済みでしょう。「みんなを助ける」信念は、とりわけ疲弊につながりやすいものです。

◆手の施しようのない狂信者

ここで私たちは援助せずにいられない人のことを話題にしていますが、それとは違う、もっと野心的なタイプの人がいることを説明しておかなければなりません。前者は私の知っている人たちです。いつも静かに立ち回りながら、出会ったすべての人を助けることに精を出しています。とはいえ、皆さん、ある意味では普通の人たちです。人混みの中で目立つようなところは、ほとんどありません。

人類同胞の苦しみに心を寄せ続けることが……狂信的とされるなら、私はずっと野放しにされてきた手の施しようのない狂信者の一人なのだ。

――ロバート・ウィルバーフォース、『The Life of William Wilberforce（ウィリアム・ウィルバーフォースの生涯）』

それとは対照的に、極端にも思えるやり方で自分の人生を見知らぬ人に捧げる人たちもいます。ほぼ全財産を慈善事業に差し出して自ら貧困地域でともに生活をしている人、家族と離れ、世界で一番恵まれない地域で慈善事業を始める人、できるだけ多くの子どもを養子にすることを使命にしている人などもそうです。ジャーナリストのラリッサ・マクファーカーは、こういう人たちを「善行家」と呼び、その感動的ながらも、やや物騒なライフストーリーを、著書『Strangers Drowning（溺れる他人）』に記録しました。このタイトルを見ると、よくある功利主義的な哲学の思考実験が彷彿とさせられます。彼女の言う「善行家」とは、二人の生命は一人の生命より価値が大きいという理由から、たとえそれが自分の子どもであっても、その一人を救うのではなく、見知らぬ他人二人を助けることを選ぶ人たちです。最大多数に最大量の幸福を提供することが自分の義務と信じています。こういう特徴は、本書で取り上げている援助せずにいられないタイプの人とは違います。

「善行家」という概念は興味深く、その人たちは自分の幸福を損なってでも、誰かを助ける人であることは間違いありません。ですが、これは本書の主題とは重なりません。なぜなら、思いやりではなく主義主張が原動力で、その人自身を含む個人の生活はあまり重視されていないからです。

共感の暴走

「みんなを助ける」信念は、他者のニーズへの感知力の高まりと関連があります。序文でも触れましたが、哲学者のクリスティン・レンウィック・モンローも、著書『The Heart of Altruism（利他主義の核心）』の中で、利他主義を、「慈悲を分かち合うことで、他者との強いつながりが感じられる」という視点から生じるものと捉えています。こうした視点が利他主義者のアイデンティティの核心にあることで、行動に選択の余地がなくなるとモンローは見ています。

この他者との強いつながりという言葉を聞くと、確かに、私に話をしてくれた多くの人が思い起こされます。周りの人の痛みを検知するレーダーを持っているだけでなく、そのレーダーの感度が高い人たちです。どんな会話をしていても、相手のニーズを引き出すことに余念がありません。そして、視界に入った状況を無意識のうちに調べ尽くします。駐車スペースを探しながら街中を運転しているときでも、パートナーを亡くしたばかりの近所の男性を見つけたら、たちまち頭の中で、あの人は孤独で悲しい思いをしているに違いないと心配したり、調子はどうだろうか、彼の家を訪ねてみるべきだろうか、などと思い巡らせるようになってしまいます。そうこうするうちに、助手席のパートナーからこう言われます。「空いているスペースが二つもあったのに、一体どうして通り過ぎるんだ?」

ダニエル・バトソンは、何が人を助ける動機になり得るかを研究しました。その一つは、他人の苦しみを見たときに、その経験からくる自分の苦痛を解消しようとするかどうかです。これは「回避—共感仮説」と呼ばれます。バトソンの研究では、人が思いやりから援助するときはこの仮説が当てはまらないことが明らかになりました。ところが、共感が暴走しているときは、**人はもはや思いやりからではなく、自分の苦痛を解消するだけのために助けているようでした。**

苦痛は気づいている以上にあるのが常ですから、決して終わりがありません。「いい人」信念を抱いている人の場合は、自分の自己批判を寄せつけないために、あるいは短い間だけでも自分はいい人だと、自分を納得させるために助ければ十分です。ところが、「みんなを助ける」信念は、さらに要求の多い現場監督みたいなものです。「ここで終わりにしよう」ということがありません。

> 首を突っ込まずにいられないのです——ゆったりした気持ちの対極のような、強迫観念のようなものがあって——自分とほかの人とつながりができると、すぐに飛びついてしまいます——考えたりノーと言ったりする余地はありません。
>
> ——ソーシャルワーカー、インタビューにて

マーサ・ヌスバウムが提示した、人が思いやりを感じるための三つの認知的条件を覚えているでしょうか。その人の苦痛は深刻な悪い出来事だと思えるか、その人に落ち度はないと思えるか、そして、その人が私たちの関心の輪の中にいると思えるか（幸福論的判断）の三つでした。「みんなを助ける」信念を抱いている人は、この一つ目か三つ目のどちらかが、ゆがんでいるように思えます。

◆思いやりを感じる認知のゆがみ

まず、一つ目「その人の苦痛は深刻な悪い出来事だと思えるか」に対するゆがみを見てみましょう。私がインタビューしたある人は、高齢女性が倒れて頭を壁に打ちつけるところに、たまたま出くわしました。彼女はその人を抱きかかえ、救急車が来るまでの間、出血を止めようと試みました。「これに似た経験はたくさんあります。もっと聞きたいですか？」と彼女は言いました。このケースだと、高齢女性は明らかに「深刻な悪い出来事」に遭遇しています。ただ、いつもこれほど明らかとは限りません。壁にもたれている人にいちいち反応していたら、それが本当に深刻で悪い出来事なのか、あなたの思いやりに値するものかどうかが評価できなくなってしまいます。

駅で立ち止まって男性を案内したジュリアがいい例です。もし彼女が助けなかったら、何が起きていたでしょう？　たぶんほかの誰かが立ち止まって助けを申し出たか、男性が自分で自分の旅程を理解したか、彼のような人の案内を職務とする駅係員が気づいたかもしれません。ジュリアが言うには、男性は少し混乱していたものの、とくに動揺しているわけではなかったということです。電車のホームまで一緒に歩いていく間、これから訪ねる4人の孫のことをあれこれ楽しげに話したそうです。これはどう見ても、頭を強打した人のシナリオとは違います。

別の人のインタビューでは、こんな話も聞きました。「私は、どこまでやるべきかが本当にわからないんです。助けを必要としていない人のことを、助けを求めているように受け止めてしまうことがあるのです」。彼女はさらに、こんなことを言いました。何かの集まりで、隅っこに一人でいる人を見つけたら、気の毒に思い、誰かのところに連れて行って紹介するのが自分の義務だと思う、と。災難というものの意味からすると、パーティー会場の隅っこにいることは、それほどひどい状態ではありません。そもそも、その人はまったく苦痛に思っていないかもしれません。「みんなを助ける」信念を抱いている人は、高感度の共感スイッチが常時入っている状態なのです。私はまたあの、キッチンの鋭敏すぎる煙探知機を思い出しました。

三つ目「その人が私たちの関心の輪の中にいると思えるか」に対するゆがみは、援助者がその場にそぐわない判断基準を持ち込んでしまうことで起こり得ます。誰かが深刻な出来事に遭遇しているとしても、あなたの思いやりは必要ない場合があります。

救急車がすでに到着していて、頭を打ちつけた人を救急隊員たちがストレッチャーに乗せようとしていたら、あの女性が介入する必要はなかったでしょう。それならわかりやすいですが、もし別の通行人がすでにその高齢女性を介抱していたらどうでしょう？　こういうときは責任の範囲がよくわからなくなります。「みんなを助ける」信念を持っていると、すぐにでも駆け寄って高齢女性を助けたくなったり、その人を介抱している人を手伝いたいと思うでしょう。この信念を持つ人たちにとっては、自分にできることがきっとあると思うのが自然な反応なのです。

マーサ・ヌスバウムの理論に従うと、思いやりを感じている人は、自分には助けられないと思わない限り、駆り立てられるように行動を起こします。私の面談相手の一人はこんなふうに言いました。「私は他人の経験に簡単に入り込みすぎることがあります」。でも状況によっては、もっと受け身の感情（例えば、同情）を示すだけで十分です――ただそばを通り過ぎながら、救急車に乗せられるその女性の回復を願うだけでいいのです。

第2章で、反共感というポール・ブルームの考え方にも触れました。ブルームは共感を否定しすぎていると思うと書きましたが、情緒的共感だけでは判断を誤ることがある点については、確かに説得力のある論点を示しています。共感が暴走すると、適切でない判断をしてしまうリスクが高まるのです。

スポットライト6・2

あなたは手を広げすぎでは？

スポットライト6・1で書き出したリストがあれば、それに目を通しながら次の質問に答えてください。もしまだ書き出していなければ、あなたが最近おこなった援助をできる限り思い出しながら、答えてください。

- あなたは、それほど大変なわけでもない問題に過剰反応したことがありますか？
- あなたの責任ではないのに、援助に首を突っ込んだことがありますか？
- 適切ではないときに、首を突っ込んで援助したことがありますか？

・あなたが援助している人の中に、あなた以外からの援助を見つけられそうな人がいますか？

これらの質問に「イエス」と答え、すでに実例があるなら、あなたは「みんなを助ける」信念を抱いていることが強く疑われます。自分自身の例をよく見て、どういう種類の判断をするときに共感の暴走が起きるのかを分析すると良いでしょう。この信念を解体することになったときに、それらを参照しましょう。

「みんなを助ける」信念をもたらすもの

パズルのピースの一つは、共感の暴走のようです。それが「みんなを助ける」信念の危険因子と思われます。たとえて言うなら、高血圧が心血管疾患の危険因子になるようなものです。そもそも共感はどこからくるのでしょうか？　なぜ共感性が高い人とそうでない人がいるのでしょう？　そのほかのどんな要因が、この信念の影響下に人を引きずり込むのでしょうか？

ケンブリッジ大学教授のサイモン・バロン＝コーエンは、「男脳」「女脳」という理論を展開しました（この分類については議論があり、私は不必要な分類だと思っています）。彼の理論では、男脳は「システム化する」ことに優れ、女脳は「共感する」ことに優れているとされ、進化の観点と神経科学の研究に基づくエビデンスが示されています。これは広く受け入れられている理論ではありませんが、それでも人の脳に、ある種の共感のための配線がされているという考え方は、私たちが関心を持って論じてきたことと確かに通じるものがあると思えます。

バロン＝コーエンは「極端な女性型の脳」について論じた箇所で、「その共感回路は常にハイパー覚醒の状態にあるようなものだ。ほかの人はそのレーダーから逃れられない」と考察しています。これは、まさに私が共感の暴走と呼んでいる状態です。さらに、彼は飛びぬけて共感的な心理療法士の人物像を描いています。「飛びぬけて共感的」と言えば非常に魅力的な人のように思われそうですが、「専門的な能力はほとんどない」とも記述されています。バロン＝コーエンは、このような極端な人は病的に違いないと信じていて、「思うに、あまりに他人に目を向けすぎて、自分の生存につながる食べ物やお金、その他のリソースの基本的ニーズをおろそかにする人のことは、病的と称していいだろう」とまで述べています。この記述はまるでＳＨＳの超悪性型変種か何かみたいです。援助者の皆さんは、確かによく自分のニーズをおろそかにしますが、それが病的と言えるほどのひどさになることはめったにありません。

「極端な女性型の脳」という考え方は、どこかヴィッキー・ヘルゲソンの非緩和共同性という概念に似ているようでもあります。私は、自分のニーズをおろそかにすることがいかにＳＨＳの一つの要素になっているかを検討した箇所で、ヘルゲソンの理論に触れました。非緩和共同性を持つ人は、「極端なまでに援助行動を遂行するようである」とヘルゲソンは書いています。彼女はこれを、時間が経っても変わらない性格特性とみていますが、一方で、その起源は環境内の出来事にあるのだから、ある程度は修正可能であるとも述べています。これは援助せずにいられない状態を緩和したい人にとっては朗報です。

「みんなを助ける」信念の根底にある共感の暴走は、特定の心理的特徴と確かに関連するようです。なぜ共感性が高い人とそうでない人がいるのかという疑問の一部が、これで解決します。では、その高さはどこからくるのでしょうか。

◆共感性は遺伝子で決まる?

何かの性質が遺伝子で決まるかどうかを調べたいなら、最初に検討するべきは、双子の比較です。一卵性双生児は完全に同じ遺伝子セットを持ち、二卵性双生児は遺伝子の50%が共通しています。どちらのタイプもたいてい二人は同じ境遇、同じ社会経済的機会のもとで育ちます。ということは、一卵性双生児で認められる共通性が二卵性双生児ではみられなかったら、おそらく遺伝子のせいと考えてよいでしょう。

自己報告式の質問票を使って、双子の共感性を測定する研究がおこなわれています。また、例えば母親がスーツケースに指をはさむところ(痛がる様子)を子どもに見せたときの反応を観察するといった方法で、行動面での評価もおこなわれています。この種の研究では、とくに情緒的共感にかなりの遺伝的要素が認められ、ある研究では68%と推計されました。[*6-a]

バロン゠コーエンの研究室では、共感という性格特性に関与する遺伝子を具体的に探索しています。人間が持つ3万種ほどの遺伝子すべてを検査することは、膨大な針の山から1本の針を探し出すようなものです。バロン゠コーエンたちは、そうしたやり方ではなく、68種の候補遺伝子にターゲットを絞りました。性格特性の測定には共感指数（Empathy Quotient）質問票を用いました。被験者ごとの遺伝子発現状態と共感指数を比較したところ、研究者たちの狙い通り、選択した中の四つの遺伝子が共感レベルと強く関連することがわかりました。この実験から、共感性の高さはある程度、遺伝子によって決まることが判明したのです。

援助行為に遺伝的な要素があることについても多くのエビデンスが得られていて、*6-b カリフォルニア大学バークレー校のダッチャー・ケルトナーたちがそれらを総括しています（あのＳＡＶＥ式をまとめ上げた論文です！）。ケルトナーは脳の三つの神経回路に注目しました。調律系、養育系、それに報酬系です。これらの系それぞれに関連する神経伝達物質（セロトニン、オキシトシン、ドーパミン）に、いくつかの遺伝子変異の影響が発現することが認められました。これらの物質は人が援助行為をしたときに脳内で得る報酬の一部にも関係しますから、のちほど「健全な援助者」について検討する箇所（第9章）で、もう少し詳しく解説します。

もし援助行為のシステムに遺伝子が影響するなら、ＳＨＳの人でみられる共感の暴走にも同様の要素があるのかどうかが気になります。「みんなを助ける」信念を抱きやすくなる、高感度の共感回路を持って生まれてくる人がいるのでしょうか？　もしそうなら、その人たちはあらかじめそのようにプログラムされているのだから、選択の余地はないということでしょうか？　抗っても無駄だと？

バロン゠コーエンは共感のすべてが遺伝子によって決まるわけではないと明言し、遺伝子と環境との相互作用が人間の行動を決定づけると強調しています。「共感のような高度な複合概念」が遺伝子のみから直接的に生まれることはあり得ないという認識です。同じように、社会生物学者のリチャード・ドーキンスも、遺伝子が本質的に利己的だからといって、人が利己的であるとは限らないと述べています。やはり人は共感の〝過活動型〟遺伝子の言いなりになるわけではないのです。合理的な存在としての私たち人間は、他者をどのくらい助けるか、いつ誰を助けるか、そしていつ共感回路からの執拗な要請を無視するかを、選ぶ力を持っています。そうしたことがどう起きるかを見ていく前に、まず環境にどのような決定要因があるかを考察しましょう。

◆幼少期のトラウマから

父は典型的な大暴れの一夜をやりました。私は寝室に隠れて音だけを聞いていました。6歳くらいの頃です。父が出ていく音がしたので、私はベッドから這い出て母のところに行きました。母はキッチンで座っていました。そこら中がめちゃくちゃで、母は泣いていました。私は片方の手に本を、もう片方の手に大好きなテディベアを抱え、母にこう言いました。「出て行こう!」。覚えているのは、自分は本当にその準備ができていたということです。でも母は、あきらめの浮かぶ眼差しで私を見ました。そしてもちろん、私たちはどこにも行きませんでした。それが私が母に見切りをつけた瞬間です。母は私を援助して家から出ていけるようにしてやろうとは思っていませんでした。私は別の方法を見つけなければなりませんでした。

――心理士、インタビューにて

私が集めたデータによると、「みんなを助ける」信念の下地になる幼い頃の経験は二通りあるようです。

その一つは、幼少期に苦難を経験し、その結果として援助者に変身する人がいるということです。私がどうして援助者になったのですかと尋ねると、よく子どもの頃の話が出てきます。多くの人が幼い頃に窮乏や困難を経験しています。すぐに激昂したり、虐待したりする親御さんのもとで育った人もいました。もちろん小児期のトラウマがあっても、必ずしも全員が援助者になるわけではありません。その影響はさまざまな形で表れます。ですが、一部の人が援助せずにいられないタイプになるのは確かです。トラウマから出発して、家庭内の問題解決係、まとめ役、頼りになる救助者へと変わっていくのです。トラウマから出発して援助の専門職に就く人もいます。

理想的な両親だと思っていました。ですが振り返ってみると母は気分屋で、私には母の冷たい部分がいつも向けられていました。私は押しつけがましいほどに、愛してほしがる子どもでした。でも、まったく愛してはもらえませんでした。拒絶されていることが、はっきりわかりました。それで私はいつしか、自分が他人に与える影響をひどく気にするようになりました。誰かを怒らせたくはありません。人を公平に扱ったり助けたりしたいんです。おそらく、ああいうことの影響が少しあるだろうと思います。

——歯科医、インタビューにて

◆困難を目にし続けること

「みんなを助ける」信念の下地になる可能性のある二つ目の要素は、子どもの頃の教訓です。それは「いい人」信念を形作るのとほぼ同じような働きをします。「いい人」信念の場合、教訓を教え込まれた子どもは、自分がいい子かどうかを評価するようになります。一方、「みんなを助ける」信念の場合、教訓を教え込まれた子どもは、ほかの人の苦難に気づきやすくなります。

ある女性の父親はアルコール依存症でしたが、彼女が生まれるとすぐに飲酒をやめました。父親は依存症サポートグループの設立に熱心に関与するようになり、夜になると、たびたび奉仕に出かけていました。彼女が十分大きくなったとき、父親は「貧しい人の様子を見に行く」活動に彼女を連れ出しました。彼女の父親との深いつながりと、このような発達期の思い出は、40年以上経てもなお彼女とともにあります。

今ちょうど手持ちのデータの中から、ある人の質問調査票を探し出してきました。ここに「あなたはどのようにして援助者になりましたか？」という質問への回答が書いてあります。彼女の答えはちょっと変わっていて、書き出しは「それは私のＤＮＡの中にあります」です。そのあと彼女は子供の頃のことを書いています。

私は田舎の小さなコミュニティで育ちました。母はシングルマザーでしたが、いつもコミュニティの真ん中にいて他人を助けていました――母はガール・ガイドのリーダーで、地域の乳幼児向け保育園を立ち上げるなど、村のあらゆる活動の中心的存在だったのです。母は私のロールモデルでありインスピレーションの源でもあって、私と私の妹弟たちに、人を助ける義務を果たすことがどれほど大切かをひたすら教え込みました（ガール・ガイドの約束に書かれている通りです！）。冬の間、村にはよく雪が積もり、何台ものトラックや自家用車が立ち往生することがありました。私たちは熱いお茶やスープを入れた水筒とサンドイッチを持って外に出て、皆さんを温めてあげたり、毛布や寝袋を配ったりしたものです。我が家は裕福だったわけではありませんが、家にある物を分けてあげることがうれしかったのです。

――ヘルスケア戦略コンサルタント、質問調査への回答より

最後にもう一例。私の同僚の一人から聞いた話です。彼は小さい頃、母親と一緒にニュースを見るのがつらかったそうです。母親は世界中の飢饉や災害のニュースを見るたびにいきりたち、テレビに出ている政治家をなじるのです。彼女はさまざまなことに対して行動していました。クリスチャン・エイドのためにドアからドアへと訪ねて回り、寄付の封筒を配ったり集めたりしました。毎週日曜日はいつも教会の裏庭で、フェアトレードのコーヒーが山と積まれた作業台の後ろに立っていました。彼が一番鮮やかに思い出したのは、食事の時間を待ちきれないときに必ず言われた言葉です。彼か兄弟の誰かが「お腹すいた」と言おうものなら、彼女は子どもを叱るのです。「そんなこと言わないの。アフリカには飢えた子どもたちがたくさんいるのよ」。彼ら4人の息子たちは、やがて看護師、教師、

ソーシャルワーカー、そして心理士になりました。

これらはどれも、困難な状況を繰り返し思い出させるものと、その困難を解消しようとするロールモデルを目にすることとが合わさって、子どもの頃の教訓になっている事例です。

あなたにみんなを助けることはできない理由

あなたの遺伝子に書き込まれているのか、幼少期のトラウマによって形作られたのか、それとも子どもの頃に与えられた教訓の産物であるかはともかくとして、この信念はとても根深いものなので、あなたには、なぜみんなを助けることができないかが、なかなか理解できないかもしれません。

◆理由その1：あなたにみんなを助ける余裕はない

あなたにみんなを助ける余裕はないということは、私が書くまでもないことですが、ここではっきり告げさせてください。あなたには時間がありません。エネルギーが失われています。そうした状況になると、**たいていの人はスローダウンするべき警告だと理解するでしょうが、援助せずにいられない人は、それを試練とみなします。**疲弊しているのは、その人たちの普通の状態です。

予定でいっぱいのカレンダーが「あなたにみんなを助ける余裕はない」と叫ぶと、不満に思うのです。自分の人生が、すでにキャンプに出かけるときの車みたいに荷物であふれ返っているときも、助けを求められれば、また一つねじ込むのです。

◆理由その2：あなたにその能力はない

「情報による援助」をするときには〝安全上の注意事項〟を用意して、そこに自分の能力以上の援助をしようとするリスクのことを書いておくべきです。人は、すぐにアドバイスしがちだということは、すでに論じました。ですが、あらゆる状況を解決できる情報、資格、または専門的な知見を持っている人など、どこにもいません。

例えば、もしあなたの友達がキッチンの増設工事の不良について工務店と争いになっているなら、友達に必要なのは弁護士です。彼らを専門家に紹介してあげたら、それ自体が援助です。もしあなたが「みんなを助ける」信念を持っているなら、自分には助けるスキルがないと認めることは苦しいかもしれません。

そういうことを考えていると、私は以前に会ったある女性を思い出します。彼女はいつも栄養にまつわるとっておきのアドバイスをする人でした。同じテーブルについた人みんなに、どういう食べ合わせがいいとか良くないとか言うのです。彼女は人の役に立とうとしていたのですが、彼女の言うことはたいてい単なる迷信のように聞こえました。あるランチで、地域のＮＨＳトラストの栄養・食事療法部門長が彼女の隣に座っていたときは、こちらがどぎまぎしました。

強迫観念にかられたように援助してしまう人たちは、自分の能力への自信のなさが、行動のエスカレートにつながってしまうことがあります。そういう人は援助者としてのさまざまなスキルを持っています。部屋の壁は額縁に入った資格証明書の類で埋め尽くされているかもしれません。こういうことは、「みんなを助ける」信念のもう一つのしるしです。

ある女性が私のところに来たとき、彼女はすでにファミリー・ソリシター（家族法に特化した事務弁護士）を務めていて、有資格のヨガ教師でもあり、さらにアロマセラピーのオンライン講習を受けていました。彼女には無理をしているという自覚がありましたが、カウンセラーになるためのトレーニングも始めようとしていました。彼女は何人かのクライアントからのフィードバックを見せてくれました。好意的な評価をもらっても、もっと多くの人を、もっと長い時間、もっと多くの方法で助けたいという、その渇望が満たされることはありませんでした。

◆理由その3：あなたの援助は必要とされていない──それはあなたの仕事ではない

心理士の仕事では、さまざまな理由からインタビューをすることがありますが、質問をすべて終えたところで、ときどき起きることがあります。それは相手の人が「インタビューを受けている」モードから解放され、それまでより打ち解けた会話モードになることです。その瞬間に活発に話しはじめたり、一番面白い事例を思い出したりするのです。

ある看護師の女性が私に話してくれたのが、そんな「あとから思い出した話」の一つでした。彼女は友達とおしゃべりしながらフィットネスクラブの外に出て、自分の車のほうに歩いて行きました。駐車場を横切ったところで、一人の女性が車の座席から半分くらい身をのり出して、開いたドアと格闘しているのが目に入りました。そこは障害者用の駐車区域です。看護師の女性は駆けつけて、こう言いました。「お手伝いさせてください」。それから、その女性の腋の下に腕を差し入れ、自分の体を使って、その人をゆっくり車から降ろしました。女性はほとんど車から引き出されてしまうまで何も言いませんでした。そのあとで、本当は車に乗ろうとしていたのだと言いました。看護師は、本当にすみませんと謝りましたが、女性は気にしていないようでした。この話は、援助が必要とされていないときもあるということをよく表しています。それとともに、共感の暴走がいかに間違った判断をさせるかもわかります。

さまざまな理由から、あなたにみんなを助ける余裕はないということが明らかなのと同様に、時にはあなたの援助は求められていないということも明らかなはずです。第1章で登場した援助の定義――援助であるためには、それが必要とされていなければならない――を思い出しましょう。相手の人は、どこへ行けば解決策が見つかるかをもう知っているのではありませんか？　その人は、すでにどこからか援助を受けているのでは？　ですが、援助せずにいられない人は、そういうことを疑問に思う間もなく、助けたいという本能が先走ることがあります。

ここで役に立つ概念は、アルフレッド・アドラーが個人心理学の理論の中で明らかにした「ライフタスクの分離」です。アドラーは何があなたの責任で、何がそうでないかを明確にすることが大切だと強調しました。

典型的な例は、子どもが宿題をするのを「手伝う」場面です。アドラーの考えによれば、それは子どものタスクであって、親のではありません。子どもに勉強を強いることは、親と子どもの双方にとって不満と憤りをもたらすだけかもしれません。タスクの分離をはっきりさせれば、宿題は子どもの責任であること、そしてそれはなぜなのかを明確にすることにつながります。その次は、子どもが望んでいる以上の援助をしないことです。アドラーは、私たちが常にほかの人のふるまい方に責任を負おうとすることを指摘しました。このことがわかってくると、おそらくあなたは、自分がいつもそうしていることに気づくでしょう。

私が初めてロッドと彼の息子と同居するようになったとき、私はふと気がつくと、バスルームの床から濡れたタオルを拾ったりしていました。しばらくすると、自分のその行動に憤りを感じました。そのときに思ったことは、彼らだって私が同居する前は、いつかは自分でタオルを拾っていたはずだということ、そして私は誰からもそれを拾うように頼まれてはいないということです。それは私のタスクではない、だから私はやめました。あなたの援助が求められていないときは、立ち止まって「これは私のタスクではない」と思い出せば、心が解放されるかもしれません。

◆理由その４：あなたの援助は望まれていない

つらいことかもしれませんが、あなたの援助をまったく望んでいない人も中にはいるということを知っておくと良いでしょう。いろいろな理由がありますが、その人の心理状態が関係していたり、その人とあなたの人間関係が影響していたりします。この部分を執筆していると、私は友人の男性と彼のガールフレンドが住むアパートに夕食に招かれたときの、ちょっとした事件を思い出します。

私は彼女がお皿を空にするのを手伝い、それからお皿洗いに取り掛かりました。彼女のお手伝いをすることで、美味しかったラザニアへの感謝を示そうとする、私なりのやり方でした。ところが私がフライパンをこすりにかかったとき、彼女が私の方を向いて、「もうやめて！この家は汚いとでも言われてるみたい！」と言ったのです。それで今気がつきましたが、この出来事を含め、「あなたにみんなを助けることはできない理由」の項で登場させたすべての事例（栄養にまつわるアドバイスをする人から、女性を車から引っ張り出した人、濡れたタオルを拾うことまで、すべて）は応答型援助ではなく想定型援助です。望まれていないときに想定型援助をしがちな傾向にあることは、みんなを助けようとする弊害の一つです。

中には本当は助けを必要としていても、心理的な理由から、助けられる準備ができていない人がいます。そういう人は、「今はこの問題に向き合えない」と言うかもしれません。その問題に今すぐ対処することは、パンドラの箱を開けることのように感じられるのでしょう。

もっと極端なケースだと、いつまでも絶対に準備ができない人がいます。そういう人は、あなたの援助の範囲外であるだけでなく、どんな援助も受け付けないのですが、援助せずにいられない人たちがそこに吸い寄せられることがあります。

私の心理士仲間の一人は、自分の友達からの電話相談に何カ月も費やしていました。相手の男性はガールフレンドと別れたり、よりを戻したりを繰り返す人でした。アドバイスには感謝していると繰り返し言うのですが、「ああ、そうだね、君が正しいよ。僕はそうするべきだな」などと言いながら、それについて何かをすることはほとんどありませんでした。そして実際に何かをしても、すぐに逆戻りして、何もかもが振り出しに戻るのです。もちろん、時には泣きごとを聞くだけで十分なこともあるでしょう。その反対に、この男性の場合のように、あなたが最初のうちは援助できていると感じても、長い目でみれば何の変化もみられないこともあるのです。こういうことに関わり合っている間は、あなたの助けを本当に望んでいる人たちにエネルギーを届けられません。

人間関係の質によっても、あなたに助けられる人とそうでない人が決まります。人はたいてい、好きな人、親しい人、そしてとくに信頼している人からの援助は受け入れやすいものです。あなたが（そうに決まっていますが）いかに愛すべき人であったとしても、助けたいと思う相手が、あなたを適任だと思ってくれない場合もあります。自分は援助者として選ばれなかったと気づくのは、つらいことでしょう。

あなたの援助が望まれない場合があるもう一つの理由は、援助を受け入れるには個人情報の開示が必要になる場合が多いからです。これは多くの落とし穴がある微妙な領域です。援助者、とくに「みんなを助ける」信念を抱いている人は、悪気なくたくさんの質問をしてしまいがちです。ですが、援助される本人と、その人のプライバシーの範囲が、どちらも守られるように気配りできていなければ、あなたの援助が間違いなく望まれているとは言えません。

これを書いていて、ノーラ・エフロン監督・脚本の映画『めぐり逢えたら』に登場する精神分析医を思い出しました。トム・ハンクス演じるサムの息子ジョナが、父親に内緒で、この女医のラジオ番組に電話をします。その女性、マーシャ博士は、やがて無口な父親に話しかけ、あなたのプライバシーに立ち入るつもりはないと言ったあとで、生放送中にこう尋ねるのです。「奥様が亡くなってからどのくらい？」

少し余談になりますが、逆のパターンもあることを知っておくと良いでしょう。あなたが仕事の現場で専門技術による援助を提供しているときは、まさにその状況に応じて、相手がどの程度の情報開示の準備があるかが決まります。患者さん、クライアント、あるいはサービスのユーザーがあなたを信頼して、自分の生活の別の面について打ち明けてくることがあるのです。ビジネスのパフォーマンスを向上させるために呼ばれてきた組織心理士も、こうしたことを突然経験する場合があります。クライアント組織の従業員の人たちは、自分が話している相手が心理の専門家だと知っていますから、個人的な生活のこまごました打ち明け話を聞いてほしくなったりするのです。細かい状況――社内の心理職として提供することになっている援助のタイプや、費やせる時間の長さ、その人の権限など――にもよりますが、援助せずにいられない人にとっては、そうした状況が大変なことに感じられる場合もあるでしょう。

私は第1章で、援助の現状把握の要因の一つとして、ステータスの役割を検討しました。中には（その人からすると）ステータスのアンバランスが生じるからという理由で、あなたに援助を求めたくないと思う人もいます。援助の申し出がいかに心からの思いやりによるものであっても、何の見返りも期待していなくても、負い目を感じたくない人は辞退することがあるのです。

援助の人間関係には、このように本質的なアンバランスがありますが、それがさらに深いものにもなり得ます。例えば、助けを求めることには恥の要素がつきまといます。勇気や心の弱さについての書籍があるブレネー・ブラウンは、恥とは「自分には欠陥があるのだから、愛されたり、親密な関係やつながりを持ったりするに値しないと思うことによる、強い痛みを伴う感情または経験」と定義しています。残念ながら、助けが必要だと認めることで、このような残酷で自滅的な感情が呼び起こされる場合があるのです。人が本当に助けを必要としているときでも助けを求めない、もう一つの理由がこれです。そしてそれは悲しいことですが……あなたにみんなを助けることはできない、もう一つの理由でもあります。

ここまで見てきたように、「あなたにみんなを助ける余裕はない」「あなたにその能力はない」「あなたの援助は必要とされていない」「あなたの援助は望まれていない」の四つの状況のいずれの場合も援助はできません。これらの状況のどれ一つとして、私が最初に書いた援助の定義、「お互いにそれを望み、また必要とする状況で、誰かに『リソース』『情報』『専門技術』『サポート』のいずれかを申し出ることで、その人のために何かを容易にしたり可能にしたりすること」に当てはまりません。援助者は自分のニーズに対処しないという概念を初めて検討したときに言及したバーバラ・オークリー教授を覚えているでしょうか。みんなを助けようとする人は例外なく、オークリーが「病的な利他主義者」と定義した人になる危険を冒しています。それはこんな人です。

自分では利他的行為のつもりの何かに真剣に取り組みながら、助けようとしているまさにその人、またはその集団を、しばしば予期せぬやり方で傷つける人。または他者を傷つける人。または、不合理にも自分自身の利他的行為の犠牲になる人。

こんなことを望む人はいるでしょうか？　この信念を解体しましょう。

「みんなを助ける」信念を解体する

◆その信念を抱いていることを認める

この信念と向き合うことになったとき、人はまず「それはちょっと極端な感じがします。私はみんなを助けようとはしていません！」と言います。ですが、援助せずにいられない自分の行動を思い起こすと、自分が「みんなを助けなければならない」という規則に従って生きていることに気づくようになります。

あなたはもうすでに、自分がこの信念を抱いているかどうかの結論に達したでしょうか。もしかしたら、あなたを愛する友達やパートナーが、何年も前からそのことを指摘していたかもしれません。もしまだ判断がつかないなら、あらためてスポットライト3・1、6・1、6・2に取り組んでみるといいでしょう。

もしくは、次のようなことを自分に問いかけてみてもいいでしょう。援助を求められて断った最後の機会はいつですか？　援助のニーズを目撃したのに応じなかった最後の機会はいつですか？

◆その信念が不合理であることをはっきりさせる

「みんなを助ける」信念をバッジのように身につけて、自分のことを世界を救うスーパーヒーローだと思っている人たちもいます。この「援助者の誇り」の概念については、またのちほど取り上げます。もしあなたがそうなら、この信念は不合理で有害だと一度考え直してみてください。あなたにみんなを助けることはできません。ここまでの間に、あなたにこの信念は不合理だと納得させるだけの十分な議論ができていることを望みます。

◆その信念が有害であることをはっきりさせる

「みんなを助ける」信念を持っていると想定型援助をすることが多いので、あなたはほかの人から、おせっかいだと思われているかもしれません。すると不愉快なことですが、みんなから避けられるようになりかねません。こうしたことは互恵性の原則にアンバランスが生じたときにも起こり得ます。もしあなたが、自分は全時間を使って人を助けるのに、お返しの援助は決して受け入れようとしないなら、相手はあなたに不快な思いを抱くかもしれません。別の可能性もあります。誰彼かまわず援助しようとすれば、あなたはやがて、他人を食い物にする人たちに付きまとわれることになりかねません。

みんなを助けようとすることの有害な影響はまだあります。あなたが自分のニーズに気づかなくなったり、自分の痛みを認めることができなくなることです。あなたの注意はすべて他人に向けられます。この問題はＳＨＳにとって重要なところです。のちほど、「自分のニーズに対処する」ことを検討するときに、また説明します。

◆その信念を手放す

日記をつけるようにお願いしたあの女性は、自分が「みんなを助ける」信念を抱いていると気づいたときにショックを受け、悲しみ、恥じ入りました。こうしたさまざまな感情を持つことは珍しくありません。あなたがこの信念を手放す決心をしたときには、内なる批評家も参入してくるかもしれません。よく、こんなことを言いたてます――「そんなに利己的になるんじゃない」「世間の人にはお前が必要なんだ」「世界中の災難に対して何かをするべきだ」「怠惰で自己中心的な人間にはなりたくないはずだ」

とはいえ、前にも書いたように、私はあなたに人助けをやめさせようとしているわけではありません。私はただ、あなたがみんなを助けようとするのをやめさせようとしているだけです！　あなたの援助がもう少し持続可能なものであってほしいのです。

「みんなを助ける」信念の場合、ニーズが一番大きいところに集中的に注力するようにすれば、より効果的な貢献ができます。もしあなたが実際に内なる批評家から何かを言い返されているなら、第4章「あなたの脳は想定型援助者である」と第5章「セルフ・コンパッション――自尊心の守り方」を見直すと良いでしょう。

この信念を手放す決心がついたなら、あなたは悩んでいるかもしれません。駆り立てられるように援助することをやめてしまったら、自分はほかに何をするのだろうと……。

◆その信念を別の何かに置き換える

あなたが取り入れるべき、もっと合理的な新しい信念は、「**私は自分にどこまで援助する余裕があるかを理解し、大切にする**」です。これは力強く開放的な考え方です。みんなを助けようとすることは、やめるのが難しい習慣ですが、そんなあなたをサポートするために、三つのスポットライトを提案します。

スポットライト6・3

「みんなを助ける」信念を手放した人生

嵐のような忙しさの最中にいるときは、違う人生があり得るなんて想像するのも難しいものです。

静かな時間を作り、そのことを思い描くための簡単なエクササイズを試してみてください。

今から1年後を想像して、次の質問に答えてください。あなたはもう、あの信念を手放しています。援助せずにいられない状態はすっかり制御できています。

・あなたはどこにいますか？　どう感じていますか？
・日中は、どんなふうに過ごしていますか？
・夜や週末は、どんなふうに過ごしていますか？
・誰と一緒に過ごすことが多いですか？

スポットライト6・4

ポーズ・アンド・シンク（PAT）――静止して考える

このエクササイズは、助けたいという気持ちの高まり（援助の発端）と、その人たちを助けること（援助の結果）の間にギャップがあるかどうかを明確にするのに役立ちます。あなたの信念が報われないのは、ギャップがあるときです。

すぐにでも援助しなければと切迫した気持ちになったときに、次の三つのステップをやってみてください。

1　自分の「ポーズボタン」を押して、頭の中で「ポーズ、2、3、4」と4秒数えてください。
2　自分には選択肢があることを思い出しながら、「アンド、2、3、4」と4秒数えてください。
3　自分の選択肢を検討し、自分がどう行動するかを選びながら、「シンク、2、3、4」と4秒数えてください。

PATでは、ギャップの中で反射的に思考に従うのではなく、自分の合理的なマインドに介入させる機会を与えます。練習することで、自分の行動に一層慎重になるように、自分を訓練することができます。それでも助ける選択をするかもしれませんが、少なくともそのときのあなたは、それを意識的にしています。

スポットライト6・5

あなたを強くゆさぶる言葉

このエクササイズはREBTで用いられるものからの応用です。目的は、頭と心のレベルで、あなたを強くゆさぶる言葉を用いることです。

次の言葉をあたかも信じているかのように、自分に読んで聞かせてください。もし「みんなを助ける」信念を手放している最中なら、難しく感じられることがあります。またあとで戻ってきて、これらの言葉に時間をかける必要があるかもしれません。

- **私は誰も助けなくていい。**
- **他人のニーズに対して心がどう反応しようと、私の行動は支配されない。**
- **自分が強い共感反応を示しているときでも、それに沿った行動をしなければならないわけではない。**
- **私には自分にできる援助の限度内にとどまる力がある。**
- **私には助けることが自分の責任ではない局面がわかる。**
- **私には、いつ助け、いつ助けないかを選ぶ絶対的な権利がある。**

ここまで取り組んできた「いい人」「みんなを助ける」という二つの信念は、同じ目的地に至る二つの別々の道筋です。援助せずにいられない人の中には、この一方だけを抱いている人も、両方を抱いている人もいます。二つの信念の違いは、焦点をどこに当てているかです。「いい人」信念は内心に焦点を当てている、つまり自分の自尊心についての判断です。一方、「みんなを助ける」信念は外部に焦点を当てています。自分の周りで何が起きているか、それに対して何をするべきかの判断です。

また別の方法で見分けることもできます。「いい人」信念は、なぜ助けるのか（自分をいい人と思うため）に関すること、「みんなを助ける」信念は、誰を助けるのか（みんな）に関することと言えます。

このどちらかの信念を抱いている人は、いつかは援助せずにいられない状態への道を進むでしょう。ですが、そこに至る道は、もう一つあります。次章7章をご覧ください。

第7章

「あの人は私がいないとやっていけない」信念

私が幼い頃、母はいつもこんなことを言いました。「私たちはチームなの」。思い出せる限り昔から、そう言っていました。「ジェシー、世の中には与える人（ギバー）と受け取る人（テイカー）がいるのよ。なるんじゃないよ、テイカーには！」。最後のところで一段と声が大きくなって、脅されているみたいでした。

それなのに、母は自分のしてほしいことは吐き出すように言っていました。「2階に行って、タバコを1パック取ってきて」「スリッパを持ってきて」「灰皿の灰を捨てて」。母に何かを言いつけられたときに、私が一度でも「ノー」と言ったら母は激怒したでしょう。言われた通りにしないなら、今度お前が私に何かしてほしいと言っても、私は「ノー」と言うよ、と。母の誕生日は大事なイベントでした。私はケーキを焼き、カードを作って、一生懸命に準備したものです。もし私がそうしなかったら、母は怒り狂ったでしょう。

また母は神経症に加えて坐骨神経痛があり、しょっちゅう仕事を休んでいたので、私は母のためにあれこれ雑用もこなしていました。

援助せずにいられない人の中には、独自の不合理な信念を抱く三つ目のタイプがいます。正直に言えば、私がこのタイプを明確に研究対象に加えたのは、SHSのほかの面の系統立てを終えてからのことでした。私が最初に興味を持ったのは、それまでに見かけたことのある、みんなを助けようとするタイプの人でした。ところが、いろいろな人のお話を聞く中で、この3番目のタイプの援助者のことがときどき不意に話題にのぼるのです。ただ、その話をするときは皆さん気まずい感じでしたし、たぶん私も進んで聞こうとはしていなかったでしょう。

この3番目のタイプの人は、みんなを助けるのではなく、一人または少人数のグループだけを援助します。そうするのは特別な種類の人間関係の中でだけ——つまり、このタイプの援助者は自分に依存している人をケアしています。そういう状況ですから、言いにくいことも指摘しておかなければなりません。

誰かに頼るしかない親族や家族のケアは、もちろんとても大切なことです。そして言うまでもなく、援助行為は、援助者の幸福を損なわない限りにおいては素晴らしいことです。援助者が自分のニーズにも気を配っているなら。あなたはもう何度も聞いたはずですが、私は誰かが援助という尊い行為をすることをやめさせたいわけではありません。とくにこの章では、あなたが愛する人たちのケアをすることを、やめさせようとしているわけではないのです。

デートをするようになった頃、彼は腎移植の待機中でした。私にとって彼は心から大切な人でしたから、手術と回復の間はそばにいようと思っていました。するとは彼は、私に相談することなく手術後のことを決めてしまいました。私のことは何から何まで彼の側から決めつけられました。私たちは腎臓提供者である彼の父親と同居し、手術後も私が二人の面倒をみることになったのです。その先どうなるかは、私にはまったくわかりませんでした。

私は自分の仕事や個人的な目標から遠ざかり、あらゆる種類の自分の幸福というものが失われたようでした。疲れ切っていましたから運動をまったくしなくなり、結果として体重が増えました。彼のケアはできる限りしました。しなければならないことは、どんなことでも。それでも私は、彼が眠っている夜の間にバスルームで泣きました。自分の感情が消耗して空っぽになった気がして。

――フリーランスのイラストレーター、質問調査の回答より

誰を助けたいか、どの程度まで助けたいかを、決められるのはあなただけです。もしあなたに頼りきっている人のケアをしているなら、その人がどのくらいあなたの助けを必要としているかがわかるのは、あなただけです。あなたが愛する誰かとそのような関係にあるのなら、この章を読むのはつらいことかもしれません。何か強い反応を引き起こす可能性もあります。

この章ではとくに回避マインドセットに注意してください。あなたの人間関係をジャッジしようというわけではありませんが、あなたには相手の人のことを客観的に考えるための枠組みを提供したい

と思います。その上で、本章に登場する行動パターンのいくつかが思い当たったとしても、どうか自分を責めないでください。もし頼ってくる人を愛情からケアしているなら、あなたにはそのことを思い出す必要があるかもしれません。あなたには、その愛のいくらかを自分自身に向けるために、セルフ・コンパッションについてのスポットライトに戻ってみる必要があるかもしれません。

とはいえ、次に何が起きるかは誰も教えてくれません。**あなたとあなたに依存する人が不健全な援助関係にあるとしても、そのことを誰かが指摘することはおそらくないでしょう。人はただ、「あなたはとても優しい人ね」とか、「あの人には、あなたという人がいて安心ね」などと言うだけでしょう。**ですが私はコーチ職にある者として、事実を叫びたいのです。それはそうかもしれないけれど、言うべきことはまだほかにもあるでしょう、と――。

このタイプの援助者は不健全な援助関係にとらわれていることがあります。そういう人が援助せずにいられない状態から抜け出せなくなるのは、ある信念のせいです。「あの人は私がいないとやっていけない」信念です。これは、ここまでに紹介した「いい人」信念と「みんなを助ける」信念とは違っています。この二つの信念は、第5章・第6章で述べたような方法で解体しようとしない限り、援助者の全人生につきまとうものです。その人の土台になっている信念で、援助の機会が持ち上がってくるたびに行動に影響を及ぼします。ところがこの3番目の信念は違います。これは人がいつの間にか演じている役割のようなもので、ほかの誰か（依存者）にまつわる信念です。

ここで用語についての注意事項を書いておきます。この章で「依存者」という言葉を使ったときは、援助者に依存しながら援助を受けている一人または複数の人を指します。また、「援助がないと暮らしていけない（couldn't survive）」状態のことを「ＣＳ」と略し、一方が依存者である援助関係を「ＣＳ関係」と記します。このＣＳ関係という言葉はニュートラルな用語として使っています。この用語によって人間関係が健全か不健全かについて、予断をもたせたり一般化させたりする意図はありません。

不健全なＣＳ関係に陥っている場合、当事者たちにとっては、その根底にある信念が不合理だということは受け入れがたいでしょう。たいてい異議を唱えます。「でも、あの人は私がいないとやっていけないの！」

こういうときにとくに注意が必要です。この章ではＳＨＳのやや暗い部分に分け入ります。その信念が不合理であることをはっきりさせるために、私たちは援助者と依存者の心の影の部分を探らなければなりません。もし、ここまでで、すでに落ち着かない気持ちになっていたら、それはあなたがこの章で取り上げるタイプの人の一人だからかもしれません。心に強い反応が起き、援助の動機や人間関係の健全さを検討することが難しくなる場合があります。その場合はアプローチ・マインドセットのスイッチを入れる必要がありそうです。スポットライト４・４（123頁）に立ち返りましょう。気分が落ち着いたら、ここに戻ってきてください。どうすれば自分自身に気配りし、うまく線引きをして、思いやりのある人生を送れるかについてお話ししましょう。

三つの基準

1　援助者の代わりがいない
依存者に必要なケアを提供する余裕と時間がある人はほかにいないと、援助者自身が信じていること。または、依存者がほかの人からの援助は受け付けないという理由から、自分の代わりになる人はいないと援助者が思っていること。

2　完全な依存状態
依存者が自分で自分のケアをするのは不可能だということを、援助者が信じていること。もし依存者が援助者からの援助を受けられなければ、最悪の結果になる（依存者が倒れるか死亡する）と援助者が信じていること。

3　援助者に選択の余地はない
その人間関係を望んでいるか否かにかかわらず、援助者はその関係から逃れられないと信じていること。

この三つは、それぞれが定義の一部をなしていますから、この信念を不合理なものとして解体するには、これらのうち少なくとも一つが正しくないと証明できなければなりません。

ＣＳ関係はその成り立ちからして、どのような場合でも、依存指向の援助が中心になります。ＣＳ関係に「あの人は私がいないとやっていけない」信念が重なると自律指向の援助の可能性はなくなります。援助者が自分のニーズを犠牲にすることもＣＳ関係の特徴です。まるでケアの責務の中に〝依存者ファースト〟という考え方が組み込まれているかのようです。援助者が自分のニーズを気にかけようとすれば、この責務を放棄することになるのでしょう。

> 夫と二人で休暇の予定を立てても、手放しで楽しみにしていられたことはありません。母のことが心配ですから。私がいない間に、あれやこれやが起きたらどうしようと思うのです。すぐに戻ってこられるとは限りませんし、母を不安にさせることはわかっています。だから私は休暇のことに夢中にはなれないのです。
>
> ——インタビューにて

ＣＳ関係が生じるのは、援助者が身体的にも精神的にも最も身近な支えとなる状況です。我が子に障害がある、パートナーが大事故に遭ったといったケースです。イギリスだけで推計６５０万人が無償のケア労働に従事しています。[*7-a]

ＣＳ関係は家族間に限りません。職場でも起こり得ます。「自分の患者、顧客、あるいはチームのほかのメンバーは、自分がいないとやっていけない」と信じている人がいる職場なら、どこでもそのような関係がみられます。一例として、少年と靴職人の物語を聞いてください。

◆少年と靴職人

むかしむかし、あるところに、貧しい家に生まれた少年がいました。父親が亡くなると、母親はその子を靴職人のところに働きに行かせました。町中の靴を全部作っている老人です。老人は一日中、店の裏手にある作業場で新しい靴を作り、少年に店番を任せました。老人は少年に、「おい、俺の金を盗んでないだろうな！　靴を何足作るかは把握してるんだ。俺の金を盗むんじゃないぞ！」と言いました。

売り物の靴がすぐになくなってしまうので、少年は老人に、靴の作り方を教えてくれるようにお願いしました。少年は老人と一緒に作業場で靴を作り、店のドアにぶら下げた小さなベルが鳴ったら走って店に出て、お客の相手をしました。ですが一生懸命働いていると、ベルの音が聞こえないことがありました。すると、お客たちは黙って靴を持っていきました。それを知った老人は少年をなぐりつけました。

町の人たちは、靴が足りていないと、いつも不平を言いました。靴がすり減ってしまったと、ずっと文句を言っていました。少年は老人に、靴の修理もやらせてほしいと言いました。新しい靴を作るだけでなく、古い靴の修理もしなければなりませんから。少年はベルを聞き逃すことが増え、お客がもっと靴を盗むようになりました。それを知った老人は少年をなぐりつけました。

毎週土曜日の午後、老人はその週の売上金をまとめて金庫番のところに持っていき、金庫番が書いた伝票を持って店に戻り、数字を台帳に書き入れます。少年が伝票を見ると、その数字は、彼が老人に手渡した売上金と合っていませんでした。少年は老人にお願いし、売上金を持っていく仕事もやらせてもらうことにしました。すると少年がいない時間が増え、さらに靴が盗まれてしまいました。老人は少年をなぐりつけました。

ある日、少年が町を歩いていると、ひとりの男に出会いました。男はこう言います。「ずっと君を見ていたよ。素晴らしい靴を作るし、素晴らしい修理をするね」。男の靴はぴかぴかで、少年の目には自分の姿が映って見えたほどです。「君はもう大人だ。私は店を持っているから、そこを君に貸そう。君ならうまくやれる。考えてみてくれるかい。私の名刺をあげよう」。少年は家に帰って母親に話しました。母親が「お前はどうするつもり?」と尋ねると、少年は言いました。「靴職人さんはどうしたいだろう?」

依存関係はどのようにして生まれるか

依存関係は突然、予想外に発生することがあります。私が地域病院で働いていた頃、仲の良かった同僚のキャロルは作業療法の助手でした。彼女と夫は、6カ月後には退職して外国に行く予定でした。

そんな折に彼が脳卒中に見舞われ、再び歩けるようになるかどうかもわからない状態になりました。かつてはたくましい大工だった彼は、そんな弱った姿を誰にも見せようとしません。キャロルは退職を遅らせ、仕事の契約を延長せざるを得ませんでした。キャロルは毎晩、嫌がる彼を説得してリハビリ運動をさせました。彼女の努力と決断によって、彼は数年後には歩行具を使って歩けるようになりました。

キャロルがあるとき、スタッフ室で自分が疲弊していることを率直に口にしたのを忘れられません。それは理解できることでした。私は彼女が本当に一人で全部やる必要があるのかと、ひそかに疑問に思いました。

CS関係は必ずしも突然に発生するとは限りません。時間をかけてそうなっていくこともあります。加齢や慢性疾患のせいで否応無くそうなることもあります。認知症の例がおそらく一番多いでしょう。イギリスでは、認知症の人を介護しながら生活している人が約28万人います。[*7-b]

私のコーチングを受けていたある女性は、アルツハイマー病を患う母親が介護施設への入居を拒んでいました。その女性は自分の人生をお預けにして、仕事の前後と毎週末に母親の世話をしに行っていました。医師からは、あなたの母親には昼夜を通して専門家によるケアが必要だとまで言われていました。彼女の母親は、かつては何時間も楽しんでいたパズルにも興味を失い、一日中何もせずに一人で座っているようになっていました。それでも彼女は、いやがる母親を施設に入れようとは思いませんでした。なのに、彼女が私のところに来た理由の一つは、その状態が彼女自身の人生に影響を及ぼしていると感じたからでした。

力関係が徐々に変化していく中で、だんだんＣＳ関係に陥ってしまうこともあります。両者がそのアンバランスに慣れていくうちに、いつの間にかそうなるのです。夜中に本を読んでいるときに、明かりが少しずつ暗くなっても気づきにくいような感じです。少年と靴職人の物語では、どちらも依存関係になろうとしていたわけではありません。少年が徐々に大きな責任を引き受けることを申し出て、それに老人が同意していくにつれ、ＣＳ関係が成立していきました。私は前に、あらゆる人間関係において互恵性がいかに大事かを述べましたが、**互恵性は時間が経つうちに損なわれてしまうことがあります。**結婚による夫婦関係の場合だと、一方が他方のために習慣的に何でもしてあげていると、ついにはそうなることがあります。人がＣＳ関係に陥っていくときには、先ほどの3番目の基準——援助者に選択の余地はない——が確かに当てはまります。

私は夫から虐待を受けていました。その関係を終わらせようとしたとき、私の母と彼の母の両方が、あなたは彼を助け、彼を支えるべきだと言いました……。私は、私の健康と私の娘の健康はどうなるのかと、激しく主張しなければなりませんでした。母たちは妻として、私がいかなる代償を払っても夫を助けるべきだと信じていたのです。私はそんな女たちに囲まれていることを知りました。

——質問調査の回答より

◆防御メカニズムとしての「自分がいないとやっていけない」

ほかの人たちは自分がいないとやっていけないのだと思い込みがちな人がいます。最もわかりやすい候補者は、すでに「いい人」信念か「みんなを助ける」信念を抱いている人、つまり、援助せずにいられない人たちです。

中でも自分のニーズを否定してまでも援助せずにいられない状態にある人――つまりＳＨＳ――は、この思い込みを無意識のうちに探し求めがちです。これは心理分析の観点からみると「反転」と呼ばれる一種の防御メカニズムで、著名な精神分析医（サイコアナリスト）のナンシー・マクウィリアムズは、その状態をこんなふうに説明しています。「誰かにケアされたいという切望を恥ずかしいこととか危ないことと思う人は、代わりに別の人をケアすることで、自分の依存的なニーズを満たすことができる」

自分のニーズを否定する人は、ケアされるべきニーズをほかの誰かのニーズに転嫁することである程度の満足が得られ、そのような関係を自ら求めてしまうことがあるのです。

当時は胃痙攣の激しい痛みがあり、熱っぽさも感じていたのですが、私は手術患者のリストをこなさなければと必死でした。全身麻酔を伴う子どもの歯科手術のリストです。中には、ひどい虫歯で抜歯が必要なのに、手術を6カ月以上待っている子もいました。子どもたちを待機リストに戻したくありません。手術には歯科医、立会いの麻酔科医、歯科専属看護師、それに病棟の担当者たちから成る大勢のチームで臨みます。ですから手術をキャンセルすると大変な損失にもなります。

私は、これができるのは私しかいない、もし私がやらなければ、あの子たちはまた待機リストに戻って待たなければならないと、ひそかに思っていました。心の中では、〝ミス時間有効活用〟になって、一石二鳥のペースでこなそうと思っていました。ともかく自分は病院内にいるのだから、終わってから自分の診察をしてもらえばいいと思っていました。

ですが、私は病院の入口のところで倒れました。いくつもの顔がこちらを覗き込み、何があったのかといぶかっていた様子を覚えています。私は大きな手術を受けなければならず、3カ月間仕事を休みました。「これができるのは私しかいない」と思い込んでいた子どもたちの手術は別の歯科医が片付け対応したそうです。病院のベッドで横たわったまま、子どもたちはちゃんと治療を終えたと聞いたとき、私ってなんて馬鹿なのかと思ったことを覚えています。子どもたちは大丈夫だった。私は自分の人生を危険にさらしたのに――。

――歯科医、インタビューにて

共依存傾向

注目を集めているCS関係の一つの形は、共依存という概念です。ロイス・ウィルソンは、夫がアルコール依存症更生会（Alcoholics Anonymous: AA）の創設者の一人でした。彼女は夫の依存症と戦いながら、彼を支えることに人生を捧げました。彼女は著書の中で次のように書いています。「私は自分に彼を変える力があると信じていました。私とともに生きることで彼が鼓舞され、アルコールは必要ないと思えるようになるだろうと」

彼女は荷物をまとめ、夫とともにバイクでアメリカ中を移動して暮らしました。そういうライフスタイルが夫の飲酒の歯止めになることを期待したのです。彼女は何度か流産しますが、そのことが夫を飲酒に駆り立てるのではないかと自分を責めることすらありました。ところが、夫が酒を絶っても、彼女の人生が好転することはありませんでした。夫は酒を飲む代わりにAAの活動を始めます。彼女は依然として彼に着いてどこへでも行きますが、今やその行き先はAAの会合になりました。彼女は夫が以前のようには自分を必要としていないと悟ります。人生の目的のすべては、彼を助けて断酒を成し遂げさせることでしたが、それがなくなってしまったのです。

「私は少しずつ理解するようになりました。夫が飲酒していた年月は、自分に課せられた重要な役割を果たすことで自我を養っていたのだと。私は母親であり、看護師であり、稼ぎ手であり、意思決定者でしたから」。実際に彼女の中には、夫が飲酒することを喜ぶ部分もありました。彼女自身もそれを必要としていたのです。それでも、彼女は人を救いつづけてきた人です。やがてアルコール依存症者の家族のためのサポートグループ、アラノン（Al-Anon）を立ち上げ、家族たちがそれぞれのニーズのことや、犯しがちな過ちのことを理解する力になりました。会員は、自分たちのことを「共アルコール依存」と呼ぶようになり、のちに、より一般的な共依存という用語が採用されました。

共依存に関連して、最も力強い声をあげているのはメロディ・ビーティです。彼女は共依存に関する本を数多く書き、この言葉を広く知らしめました。ビーティの話には不確かなところが多く非科学的だ、などの批判[*7-c]がありますし、共依存は精神疾患として認知されているわけではありません。それでも彼女の見識は明らかに人々の心に響いています。

例えば、彼女はこんなことを書いています。「脱愛着がもっとも実行しにくいか、不可能に思われるときこそ、それがもっとも必要なときだと心得ることだ」[*7-1]。ビーティ自身も飲酒と薬物の乱用歴がありました。13歳でアルコール依存症になったあと、アルコール依存症からの回復中と称していた（が、実はまだこっそり飲んでいた）男性と結婚しています。

彼女がある治療センターでカウンセラーとして働いていたとき、雇用主から、依存症患者の妻たちのためのサポートグループを立ち上げるように言われました。最初のうちビーティは共依存の人たちに冷たくあたっていました。その人たちは他人に心を開かず、支配的で、ごまかしが多いと見ていたのです。ところが時が経つうちに、彼女たちのことがわかるようになりました。ビーティ自身が断酒したときには、自分も人生の中で共依存になって、アルコール依存症者との関係に巻き込まれていたことが理解できたのです。彼女はアラノンの会合に出席しました。

やがて、絶望の中で苦悶を繰り返しているうちに、私にも少しずつ理解できるようになった。私自身、他人をきびしく批判する人がよくやるように、自分が批判してきた人の靴をいつのまにか自分も履《は》いていて、その靴で長く苦痛に満ちた道のりを歩んできたことに気づいたのである。こうして私は共依存症者の異常性を理解するようになり、自分自身がまさしくその一人になっていることに気づいたのである。[*7-2]

認めるのは大変なことです。私のインタビューを受けてくれたある人は、社会的弱者のための慈善事業のサポートワーカーでした。その人は、トラウマになっている自分自身の過去を解決するための治療に、10年も費やしたことを話してくれました。最終的に彼女は、慈善事業に力を注いでたくさんの感謝を受けても、そのことで自分の子ども時代の傷が治るわけではないと理解しました。

ＣＳ関係にある人は誰でも、その人自身の主題を誠実に探ることが大切です。自分はこの種の人間関係に陥りやすいかどうか、そしてそれはなぜなのか、それは反転または共依存のどちらかの形で起きているのか、それとも自分の根底にある何か別の心理的ニーズを満たそうとするためなのかを熟考することです。援助者はこうしたことを「あの人は私がいないとやっていけない」信念の基準に照らし合わせながら、自分は、本当に代わりのいない存在なのかと自問しなければなりません。

自分の共依存に気がついたのは、カウンセリングセッションをしているときでした。私は援助を必要とする弱い人たちを常に探していました。恋愛関係なら、あまりにしっかりして自信に満ちあふれた人には惹かれません。本当に素晴らしい人からの求愛も何度かありましたが、私はことごとく拒み、不安を抱えている人や母親のような優しさを必要とする人を選んだのです。

——心理士、インタビューにて

依存傾向とパーソナリティ障害

逆もあり得ます。依存的な人の性格特性が原因になって、CS関係が起きることがあるのです。こうした性格特性は、これから紹介する四つのパーソナリティ障害の特徴と重なります。ただし事例に登場する人物は、医師から診断を受けているとは限りません。ここでは診断の有無ではなく、性格特性の分類という意味でパーソナリティ障害を取り上げています。

◆依存性パーソナリティ障害（DPD）

女性と付き合っては別れることを繰り返す男性との電話相談に、何カ月も費やした私の心理士友達の事例を思い出してください。彼は難関大学を卒業したほどの人でしたが、さまざまな局面で、人生を棒に振るようなふるまいを繰り返してきました。私の友人は何時間もかけて彼のカウンセリングをし、元気づけました。そしてたちまちその役割に取り込まれていきました。私の友人は、彼との間にいかに葛藤があったかを私に打ち明けました。彼を助けたいとは思いながらも、憤りを抱え込みたくはなかったのです。友人が援助に限度を設けるようになると、彼は徐々に離れていき、その後は助けてくれそうな人に次々とまとわりついていきました。常にアンバランスだったにもかかわらず、私の友人がその関係の喪失感を克服するまでには長い時間がかかりました。

友人は、彼が依存性パーソナリティ障害（dependent personality disorder: DPD）ではないかと思ったことも話してくれました。正式な診断を受けたわけではありませんが、それでも彼は『精神疾患の診断・統計マニュアル第5版（The Diagnosis and Statisiccal Manual of Mental Disorders: DSM-5）』に書かれた診断基準をほとんど満たしているように思えたそうです。DPDは「世話をされたいという過剰な欲求に関連する従属的でしがみつく行動をとる様式のこと」と定義されています。[*7-d]

高度の不安はDPDの特徴の一つで、何を食べるか、何を着るかといった、ごく単純な日常的判断をしようとすることで誘発されます。DPDの人たちは自分のことをどうしようもないと感じていて、拒絶されることを恐れます。そして世界を危険と捉えます。そうした不安な思いを緩和するために他人に向かうのです。援助を直接頼みはしなくても、不安をあらわにすることで、援助せずにいられない人の共感レーダーに探知されるのです。

援助せずにいられない人は、依存傾向のある人にとっては磁石のようなものかもしれませんし、逆もまた同じです。ですからあなたは、その人に関わるかどうかを意識的に判断しなければなりません。

本当に援助を始めるなら、どのくらいの援助を提供するかに常に気をつけていなければなりません。依存的な人の「自分で対処できない」状態を強化してしまう危険性もあります。実際にＤＰＤの人がしがみついてくることがありますが、その人は、これ以上依存して見捨てられるリスクが高くなることを恐れています。そんなとき、援助者は、「あの人は私がいないとやっていけない」信念の２番目の基準――完全依存――を思い出し、よく考えましょう。その人はあなたの助けがなければ倒れたり死んだりしそうですか？

◆境界性パーソナリティ障害（BPD）

私が集めたデータの中には、パーソナリティ障害が関与しているＣＳ関係の事例がほかにもありました。いずれも、その人を助けようとしている人が大変つらい思いをしています。境界性パーソナリティ障害（Borderline Personality Disorder: BPD）のある娘さんとのことを話してくれた母親の言葉を紹介しましょう。

娘は15歳くらいのときに自傷行為をするようになりました。体中が傷だらけになって、その傷をタトゥーで隠しています。娘はただ暴れるばかりでした。彼女の相手をするのは本当に恐ろしいことです。が、娘をなだめられるのは私だけでした。

境界性パーソナリティ障害のせいで、お前は役立たずだと言う声が娘の頭の中で始終鳴り響いていました。娘は自分を愛してくれる唯一の人が私だと信じていました。自殺しないたった一つの理由は、私がいるからだと言うのです。私は罪の意識を感じました。もっと幼いうちから、いろいろなことをしてあげれば良かったと。でも娘に聞いたところで、ただ嘘をついて、何も悪いところはないというふりをしたでしょう。

娘は朝、まっ先に私に電話をしてきます。日中は何度も、それから夜もです。娘から電話があると、私はすべてを切り上げて車に乗り、45分かけて娘のところに行きます。娘があああいう精神状態のときは、とにかく自傷行為をします。私がいればそれ以上のことはさせないのですが、たいていは、すでに自傷したあとでした。私にはなすすべがないという感じです。それでも私はいつも備えていなければなりません。今でも私が娘のライフラインなのです。

私の現在の夫は、ずっとよりどころになってくれています。彼は私が電話を受けたら、すぐにでも飛んでいかないといけないとわかっています。心配なのは、私がいなくなったら娘はどうなるかということです。私が弱ってきたら、どうなるのでしょう?

BPDは情緒不安定性パーソナリティ障害と呼ばれることもあります。これは幅広いタイプを含む用語で、診断は複雑です。DSM−5によると、BPDの人は安定した人間関係を維持するのが困難です。過食、薬物やアルコールの乱用など、衝動的な行動をします。自傷や希死念慮を持ちやすいことも特徴です。そうした人のケアに取り組む人からすると、BPDの人たちは依存性が高い一方で、援助者に背を向けて極端な怒りをあらわにしたり、自分が本当は愛されていないと言い立てたりすることもあります。そのまとわりつくような行為と、自ら命を絶つ恐れがあることから、援助者の「あの人は私がいないとやっていけない」信念の強化につながることがあります。

◆自己愛性パーソナリティ障害（NPD）

自己愛性パーソナリティ障害（Narcissistic Personality Disorder: NPD）と思われる人とのCS関係についてもヒアリングしました。NPDは古典的なところでは、シェイクスピアのリア王がいい例でしょう。リア王は注目されたがりで共感性に欠ける人物です。ついには娘たちに、父を一番愛しているのは誰かという無茶な問いかけまでします。DSM－5にはNPDの臨床的な診断基準一式が明確に書かれています。典型的な特徴は次の通りです。
・過大なまでのうぬぼれの感覚を持っている
・成功や権力、理想の愛などの幻想を抱いている
・自分は特別なので、高いステータスの人と付き合うべきだと信じている
・他人は自分のことをうらやんでいると考える
・自分は魅力的で美しいと思い、外見に多大な注意を払って印象づけようとする
こうした特徴のため、見知らぬ人からすると、最初のうちは魅力的に見えたり興味を引かれたりし

ます。本人は媚びたり誘惑的にふるまったりして、自分の世界に人を引き込みます。ですが、そうした関係はすぐに崩れ去ります。自分の家族や友人を都合よく利用したり、他人を持ち上げたりおとしめたりすることもよくあります。

私の母のことはすでに皆さんに紹介しました。子どもの頃は、母のニーズに合わせることが私の人生のすべてだったと書きましたが、加えて母はＮＰＤの特徴とかなり一致していました。

母は、自分は素晴らしく魅力的なのだと信じていました。よく露出の多い格好で家の周りを闊歩していましたし、自分と同じ服を私に着せて連れ歩きました。誰かが私に可愛いと言ったりすると、母は「私ほどじゃないですけど」とか「でも、この子は魅力がなくて」などと言ったものです。自分に注目を集めるために、娘を利用するのです。私に、４歳からお化粧してダンススクールに通わせて、いろんなオーディションを受けさせていたのも、自分への注目を渇望していたからだと思います。

私の父は、母が私を宿したことを知るとすぐに姿を消しましたが、母は何年もの間、自分は彼に愛されているという幻想にしがみついていました。その後は、男性に対するみだらな行動が増え、通っていた教会のうち２カ所から閉め出されました。

私が給与をもらうようになると、お前は私に借りがあると言いました。「私はお前を産み、育ててやった。なのにお前は私のために何をした？」。もちろん母が病気になったり入院したりするたびに、仕事を中断し対応しました。

おかしなことですが、今でも私は、母を助けるためにもっとできることがあったのではないかと考えてしまいます。自分は何でもないことで不平を言っていたのではないかと自問するのです。そういうことは、自己愛の強い親御さんを持ったほかの人たちからも聞きました。それでも、他人は誰も母のふるまいを非難はせず、こう言うのです。「きっとあなたのお母さんは、あなたを愛していた。ご自分にできるだけのことをなさっていた。あなたはお母さんの娘。だからお世話してあげなきゃ」

◆反社会性パーソナリティ障害（ASPD）

誰かがほかの人の思いやりを意図的に利用したら、それはまぎれもなく搾取です。搾取する人は、あのラフレシアのように寄生しながら生きています。その最たる形が反社会性パーソナリティ障害（Antisocial Personality Disorder: ASPD）と援助者の関係だと言えるでしょう。

ＡＳＰＤはサイコパスとも呼ばれ、ＤＳＭ－５によると他人の権利を無視して侵害する行動をとり、しばしば暴力などの攻撃的行動に走ることが特徴とされています。非合法なおこないをすることにためらいがありません。嘘をつくことはお手のものですし、金儲けや楽しみのために簡単に人をだまします。

サイコパスの人と援助関係になりたいと思う人などいないのは、わかりきったことと思われるかもしれません。それでもＡＳＰＤの人は他人を自分のたくらみに誘い込むことに長けています。ナルシシストに似て、たいていチャーミングで、人をうれしがらせるのが上手です。ほかの人がどう感じているかを気にかけるといった思いやりは少しもありませんが、認知的共感は恐ろしいほど豊富に持っていることがあり、人を操る方法を熟知しています。

私の父はＡＳＰＤの診断項目をすべて満たしているように思えました。暴力的で倫理的に不誠実なふるまいを続けていたにもかかわらず、大勢の女性たちを惹きつけ、利用していました。そして女性たちはどんなことをしてでも、父が自分を愛しているという信念を持ちつづけようとしました。私も長い間、父を慕っていたのです。

さらにＡＳＰＤの人の中には、人生のパートナーに召使いや奴隷の役割をさせたがる人がいます。自分の力を万全に保っておくために、ケアしてくれる相手にお金を与えないという方法をとります。見返りをほとんど求めない援助者は、相手として完璧です。ＳＨＳの一番極端なケースだと、生まれながらの援助者と言うべき人が、自分はＡＳＰＤの人から必要とされている、自分がいないとその人はやっていけないと信じていることがあります。その通りです。その人は確かに必要とされています。ただ、そのあり方は、ラフレシアが食い物にするための植物を必要とするようなものなのです。

私は彼が仕事に出かけ、子どもたちが学校に行っている間、よその家々を掃除する仕事をこっそり始めました（きまり悪そうに笑う）。そうでもしないと、私にはまったくお金がなかったからです。彼から離れるために、まずはお金を貯めなければなりませんでした。

——看護師、インタビューにて

専門家という選択肢を

ここまで書いてきたような人のほかにも、回避性、演技性、強迫性など、数々のパーソナリティ障害があります。

これらは幼少期のトラウマ由来のものも多く、遺伝的素因が関係することもよくありますが、どれも、障害を持つ本人の落ち度によるものではまったくありません。そういう人たちには間違いなく助けが必要ですが、家族や友人からのケアに加え、専門家による援助が必要です。それには心理療法と専門知識の正しい組合せを要します。治療法はさまざまですし、周囲がどんなに頑張っても、当人を救えないこともあります。

気がつけば、いつも目が放せない人や、見返りはほとんど期待できない人の世話ばかりしていると言う人が大勢います。いずれのタイプのCS関係もSHSに移行する可能性があり、援助者は疲弊、憤り、搾取、あるいは自己批判に陥ります。ほかにも問題山積です。依存者をケアしている人がしばしば孤独に陥ることや、自分のニーズをすぐに忘れてしまうこともそうです。金銭的な苦労の深刻さもありますし、フルタイムでケアにあたっているうちは職を見つけにくいという問題もあります。なんとか仕事が見つかっても、ケアの費用を十分にまかなえるとは限りません。

一番の問題は、こうしたことをケアの責務の一部のように捉えている場合があるということです。

だからこそ、「あの人は私がいないとやっていけない」信念は不合理だと理解することが、とても大切です。この信念は、あなたの視野を狭くさせ、あなたが持っている選択肢を見えなくさせます。あなたに解決策を探すことすらやめさせるのです。

「あの人は私がいないとやっていけない」信念を解体する

◆その信念を抱いていることを認める

あなたにとっては、どうみても真実で、疑問に思ったこともないかもしれません。ですが、ここまで読んできて思い当たる節があれば、まずは認めてみましょう。

◆その信念は不合理であることをはっきりさせる

先に定義した三つの基準ごとに考えていきます。

【基準1】援助者の代わりがいない

あなたが自分の代わりになる人はいないと思っていても、現実は違います。次のスポットライトをおこなってイメージしてみましょう。

スポットライト7・1

あなたの代わりはいない？

ジューンは認知症を持つデイヴィッドの世話をしています。ジューンは、自分の代わりになる人はいない、デイヴィッドに必要なケアをする能力と時間があるのは自分だけだと信じています。お隣の家では、メアリーが認知症を持つバートの世話をしています。メアリーは、自分の代わりになる人はいない、バートに必要なケアをする能力と時間があるのは自分だけだと信じています。ある日、二人は立場を入れ替えることにしました。今、ジューンはバートの、メアリーはデイヴィッドの世話をしています。

このあと、どうなるでしょう？

何らかのタイプのCS関係に陥っている援助者には、思い出してほしいことがあります。世の中にはあなたに依存している人とそっくりな人がほかにもいるということです。あなたはその人たちの面倒はみていません。その人たちはあなたなしでやっていけています。ジューンとメアリーがまさにそうであるように、あなたの代わりになる人は本当はいるのだということを、この話は示しています。

あなたへの依存者に必要なケアを提供する能力と時間があるのは自分だけだとか、あなたへの依存者はほかの人からの援助は受け入れない、ということを信じているなら、次のスポットライトをおこなってみてください。

スポットライト7・2

エイリアンによる誘拐（その1）

銀色に光る巨大な円盤が二つ、あなたの家の近くに着陸しました。一方から小さな青色のエイリアンたちが出てきて、あなたの家にやってきます。エイリアンたちは、とても優しく丁重にあなたに接します。自分たちの星に来て暮らしてほしいと言います。

そしてリーダー格のエイリアンからこう説明がありました。「もう一方の宇宙船に乗っている同僚たちが、あなたがケアしている人のお世話を完璧にアレンジしますから、何でも言ってください」

このあと、どうなると思いますか？

【基準2】完全な依存状態

すべてのCS関係にある依存者が現在のレベルの援助を受けられなかったとしても、それが倒れたり亡くなったりすることに直結するとは限りません。靴職人の物語を思い出してください。どうしても仕事を休もうとしない誰かの同僚のことを考えてみましょう。その関係が実際に両者にとって有害だった共依存の事例はどうでしょうか。

【基準3】援助者に選択の余地はない

今のあなたには見えていなくても、必ず別の選択肢があります。人は皆、自分は例外だと思いがちです――自分の状況は独特だから選択肢はないのだと。ですが、もしあなたが、「あの人は私がいないとやっていけない」信念を手放したとしても、だからと言って、あなたが依存者を完全に見棄てようとしているということにはなりません。そんなふうに思うなら、それはまた別の不合理な思考です。**この信念を手放すからといって、その人への愛が損なわれるわけではありません。**全か無か、完全な自己犠牲か完全な放棄かではないのです。ひょっとしたら、それは、あなたに依存している人が、あなたに求めている考え方かもしれません。

もしあなたが、これまでとまったく同じにすることを選んだとしても、選択肢があると理解できただけで大いに解放的な気持ちになれるでしょう。

スポットライト7・3

自分の選択肢を思い描く

（もし難しそうだと感じたら、先にスポットライト7・4に進んでください）

あなたにそっくりな友達がいると想像してください。面倒をみている相手もそっくりで、その人の人生のすべてが、あなたの人生とまったく同じように見えます。

あなたは、この友達に何を言ってあげますか？

もし何も思いつかないなら、その友達が目の前の椅子に座っているところを想像するといいでしょう。その人にできそうなことを提案してもいいかもしれません。

援助の四つのタイプに目を通すのもいいでしょう。あなたの想像上の友達は、リソース、情報、専門技術、サポートのどの援助を必要としているでしょうか？

ウイリアム・グラッサーが書いた『グラッサー博士の選択理論』もお勧めです。なぜならグラッサーは、思い通りの人生を送るための秘訣の一つは良い人間関係だとみていたからです。グラッサーはアルフレッド・アドラーのような先人たちの足跡を踏襲しつつ、長期にわたるすべての心理的問題は人間関係の問題であると信じていました。そしてこんなふうに書いています。「人間関係の中で自分の得たいと思っている自由が得られていないような感じがするときは、あなたか、パートナーか、ある

いは両者が、選択理論の原理『あなたは自分の人生だけをコントロールできる』を受け入れようとしていないからだ」[*7・3]

◆その信念は有害であることをはっきりさせる

この信念の有害さは多岐にわたります。この信念のせいで、援助者がどんなふうに疲弊や孤立を感じ、感謝されないという思いを抱くかについては、すでに述べました。もしあなたが誰かの世話をしながら不健全な関係に陥っているなら、40歳（あるいは50歳か60歳）になったときに、自分は自分の人生を送っていないとか、もう何年も自分の人生なんてなかったなどと気づくかもしれません。それから憤りが湧いてきます。籠の中の鳥のような感じがします。

共依存についての話や、専門家による援助を必要としながら得られない人たちの話のところで見てきたように、この信念は依存者にとっても有害かもしれません。

スポットライト７・４

どんな害が？

あなたにおけるCS関係を具体的に思い出してください。そして、次のことを書き出すか、録音アプリに向かって大きな声で言ってみましょう。

・それらのＣＳ関係によって引き起こされている不安、いら立ち、困りごとなどの「有害な影響」をすべて挙げましょう。

・それらのＣＳ関係に対して、抱えている思いを表現しましょう。

ポイントは、誰にも見せたり聞かせたりしないので、感情を抑えないことです。勇気があれば、書き出したものを読み上げるか、録音したものを聞き直しましょう。

◆その信念を手放す

この段階にきても信念を手放すのは難しいことです。鳥籠の扉がもう開いているとしても。喪失感があることは理解できます。

この信念を手放すことは、場合によっては自尊心を手放すようなものかもしれません。例えば、家庭内の家長や理想的な息子や娘として犠牲者の役目を演じることには、ある種の喜びがあるかもしれません。あなたの代わりはいないという考え方は、あなたのアイデンティティの一部になっています。依存者の面倒をみることや、あなたのチームのために自分を犠牲にすることには、援助者の誇りの要素があります。職場に自分の代わりになる人はいないと信じていると、自分には価値がある、自分の仕事は確保されていると感じられるかもしれません。それは、自分のキャリアにおいて欲張らないことの言い訳にもなり得ます（少年と靴職人の物語の結末についての、一つの解釈の仕方でもあります）。

相手の人も「あなたがいないと私はやっていけない」という信念を手放せずにいますが、それはあなたにはどうしようもないことです。あなたがコントロールできるのは、あなた自身の考えのみです。**相手の人が手放さなくても、あなたはあなたの信念を手放さなければなりません。**

もしあなたがケアしている人が、共感をほとんど、またはまったく持てないような疾患のある人なら、あなたはその人から愛を返してもらえないという悲しみを手放さなければなりません。あなたは、おそらく何年もの間、この関係に捧げてきた自分自身の一部を手放さなければなりません。あなたは、あなたの人間関係がもっと違ったものだったら良かったのにという望みを手放さなければなりません。

◆その信念を別の何かに置き換える

置き換えるべき新しい合理的信念は、「**私は自分にどこまで援助する責任があるかを理解し、大切にする**」です。次に何をなすべきかは、あなたが置かれている状況次第です。あなたにどこまで援助の責任があるかを検討するときに、どうか覚えていてください。援助する役割を減らすということは、あなたの愛を減らすという意味ではないことを。

減らすのではなく、CS関係を完全に終わらせることが、あなたにとっての正解であることももちろんあります。もし虐待や搾取の関係にあるなら、とにかく逃げることです。そのような相手を援助することはあなたの責任ではありません。とはいえ状況はたいていそれほど単純ではなく、接触をゼロにするという選択を簡単にとれないこともあるでしょう。

こうしたときに、あなたにとって何より重要なタスクは、自分を助けてほしいとお願いする勇気を持つことです。それを始めるべき場所は、あなたを愛してくれる人たちがいるところです。もしくは同じような経験があって、あなたにアドバイスできる人でもいいでしょう。その次のタスクは、利用可能なリソースやサポートをほかにも見つけ出すことです。ＣＳ関係の困難さは広く知られていますから、一定範囲の特殊な状況をカバーするグループや組織がたくさんあります。医療関係のリソースのほかに、慈善団体、ヘルプライン、地域のサポートサービス、それにオンラインのフォーラムなどが見つかるでしょう。

あなたがいつの間にか以前のＣＳ関係に戻らないようにするために、あるいはあなたが新たなＣＳ関係に陥らないようにするために、重要なスキルがもう一つあります。どこまでやるかという、自分なりの限度の決め方を身につけることです。それが、あなたが自分のニーズを守る方法です。限度とは何かを知っていなければ、自分のニーズを守ることはできません。限度については、このあとの二つの章で触れていきます。

第8章

「ニーズはない」信念

私たちは、援助せずにいられない人の根底にある三つの不合理な信念を見てきました。これらは、あのささやかな式（CH×NN＝SHS）の前半部分にあたります。SHSは「援助せずにいられない（CH）」と「自分のニーズに対処しない（NN）」の二つの要素の掛け算でできています。CHだけではSHSにはなりませんから、本当の問題は、あなたが自分のニーズをおろそかにするところにあります。

そして率直に言えば、もしあなたが人を援助せずにいられない状態なら、あなたは高い確率で、自分に大した注意を払っていないでしょう。スポットライト3・2では、あなたが自分のニーズに適切に対処しているかどうかを11のカテゴリーに分類して調べました。ここで今一度見直してください。もしまだ書き終えていなかったら、全部書いてみましょう。大半の（もしかしたら全部の）カテゴリーの自己採点が低くても、安心してください。私のクライアントたちが書き終えたときは、たいていそうですから。

援助者は自分のニーズに対処するという考え方がなかなかできませんから、この章では、読んでいてためらいを感じそうな部分がいくつもあるはずです。冒頭の式を初めて紹介したとき、私は、援助者の皆さんが自分のニーズに対処しないことに一種の誇りを持っているとも書きました。インタビューでは、皆さんにっこりしながら、「自分をもっとケアするべきだということは、わかっています」と言うのですが、それについて実際何かしているかは疑わしいと思いました。多くのインタビューで、この「誇り」が感じられました。

振り返ってみると、私が長年、援助者の人たちと続けてきた対話の背景に、ずっとそれがあったと思います。援助者の誇りは、援助者の罪の意識の裏返しです。自分のニーズに対処しないことへの誇り、そして十分に助けられないことへの罪悪感——このどちらも、いびつです。まるでこの人たちは、倒れる寸前で耐えていることに快感を得ているかのようです。

自分のニーズに対処しないまま援助せずにいられない人には、持続可能性がありません。私が話を聞いた限りでは、援助者は一人も例外なく、いつかどこかの時点で、大変すぎて自分のニーズに対処しなかった経験をしています。くたびれ果てた看護師は、同僚も無理していることがわかるので、あえて有給休暇を取ろうとはしませんでした。代わりの人がいないのです。介護施設のマネージャーは職員のことを心配していました。ワーカホリックの人が多く、すでにぼろぼろの状態なのに、シフトのあとも遅くまで残業しているからです。

自分のニーズに対処することに苦心しているのはケア労働者だけではありません。ほとんどの人が簡単にはできないことです。だからこそ、あまりに多くの人が暴飲暴食をしたり、歯科医の予約を先延ばしにしたり、体にいいとわかっているエクササイズをしなくなったりするのです。これらは明らかに基本的なニーズですが、ついついおろそかにされてしまいます。基本的なニーズには対処しているという場合でも、援助者は（スポットライト3・2の一覧で言えば）心のニーズや向上心のニーズ、魂のニーズといった、より高次のニーズには対処できていません。

言い訳に次ぐ言い訳

援助者はたいてい、忙しすぎて自分のことは構っていられないと言います。ほかの人のニーズに注意していないといけないと言うのです。確かにその通りの人もいます。多くのケア労働者は、自分のニーズに十分な注意を払うことが難しい状況にいます。ですが、そうしたことは基本的に言い訳であって、また別の不合理な信念のしるしです。

自分のニーズを満たすのはわがままだと内心思っているなら、それこそが「ニーズはない」信念を抱いていることの表れです。 SHSの土台になっている第四の不合理な信念が、この「私にニーズなんてあるはずがない」という考え方です。これは言い訳そのものですから、もしかしたら四つの中で一番油断ならないかもしれません。

スポットライト8・1

あなたの物語はどんなもの？

最近、自分のニーズに対処することを避けようとして、次の言い訳のどれかを使ったことがありますか？

・「え、私？　私は大丈夫」
・「忙しすぎて」
・「でも、あの人たちは今すぐ私を必要としているから」
・「自分に目を向けるなんて、わがままな感じがする」
・「私が何とかしてやり遂げないと」

ほかにもオリジナルの言い訳を編み出してはいませんか？

「ニーズはない」信念を解体する段階で、それを手放す可能性が少しでもあるのは、あなたがこうした言葉を言い訳だと認められたときだけです。

「私にニーズなんてあるはずがない」と思いながら動き回っている人はいません。この信念は言い訳の中に表れます。人がどういう選択をするか、どういう優先順位をつけるかを見ると、この信念の存在がわかってきます。

◆無口な女性

クライアントのある女性は、二人の関係に満足しているかどうかを、絶えず夫に確かめていると教えてくれました。私は驚き、こう言いたくなりました。「二人の関係の中で、あなたはどういう位置づけに？」「あなたの権利はどうなのですか？　あなたの夫は振り返って、君は満足かと聞きましたか？　二人の関係がいい状態かどうかの責任は、あなたの肩だけにかかっているのですか？」

彼女は自分のニーズを完全になきものにしていました。そういう状態で、彼女は繊細で協力的な男性と愛のある関係を続けていると言うのです。ニーズを持つということは、彼女には想像もできないようでした。でもそういう人は彼女だけではありません。

自分の盲点に気づく

誰かが自分のニーズに気づいてすらいないなら、そのこと自体、その人が「ニーズはない」信念を抱いている動かぬ証拠です。自分が何を望んでいるかを考えるということが、その人たちの辞書にはないのです。そういう人が認識できる唯一のニーズは、ほかの人を助けたいというニーズです。ただ、言わせていただけば、それはニーズの数には入りません！

この問題を突きつけられると、こう考えがちです。「でも私は自分のニーズが何なのか、わかってますから！」。本当にそうでしょうか？　私は、朝はまずコーヒーを飲まずにいられない性質で、それをどのマグカップで飲みたいかが自分でわかっています。私は『スリープレス』が自分の好きな映画だとわかっています。ただ、これらは嗜好や好みであって、ほかの誰かに影響を及ぼしはしません。

一方、**ニーズとは、ほかの誰かに影響を及ぼすことがあるものです。**「ニーズはない」信念を抱いている人にはそれがないのです。ほかの人が持っているニーズとぶつかりそうなときは、いつも自分のニーズを捨て去ります。ほかの人の望みを受け入れ、それを合理化するのです。例えばパートナーが「今夜は外出したくない」と言うと、すかさず「いいね、冷蔵庫に入ってるピザを食べてしまおう」と返すような人です。そのとき、自分がどうしたいかを考えもしませんでした。自分のニーズが完全に欠落していることに気づいてもいません。

一部の援助者が、いかに家庭内のまとめ役になるか、誰からも頼られる人になるかについては既に述べました。私がインタビューした男性の中には、仲裁人のような役回りに陥ってしまう人がいました。兄弟姉妹や親たちがけんかをしたときは、その人が仲をとりもちます。職場や友人の集まりでは平穏を保つ役回りです。その場にいた人が一人一人、その人のところにやってきて、状況についての自分の意見を述べるのを忍耐強く聞くのです。その人は中立を保ち、聞いたことの秘密を守るので、みんなから信頼されるのですが、その人自身のニーズは脇に追いやられています。こうしたことが何

もかも、その人の疲弊の元になっています。「本当にハードな仕事に感じられることがあります」[*8-a]

スポットライト8・2

自分の盲点に光を当てる

自分のニーズについての盲点に気づくための、ちょっとした民俗学的なフィールド調査です。これから1〜2週間、ほかの人と一緒にいるときは必ず、自分とその人たちが各自のニーズをどのくらいの頻度で明らかにしているかを観察するのです。ニーズがぶつかり合うときは何が起きますか？　ほかの人に合わせるのは誰ですか？　自分の思い通りにするのは誰でしょう？

誰かが習慣的にほかの人のニーズに合わせているなら、その人は、自分がしていることから目を背けているのかもしれません。本人は自分が何に気づいていないかに気づいていませんし、周りは皆、現状に満足していることでしょう。周りの人たちが気づいている可能性は低く、もし気づいているとしても、そのことに注意を向ける動機はありません。

私がインタビューした人たちは、だめな人だとか、騙されやすい人、人を喜ばせる人、人にいいようにされる人、などと思われることを恐れていました。自分のことが当たり前のように思われていると知っています——SHSの搾取です。信頼できる友人やコーチから指摘されて、初めて「ニーズはない」信念に気づくのです。そうして気づいたときに、聞こえてくる反応は二通りです。

1 「私はただのいい人ですから」（言い訳として「いい人」信念を持ち出す）。

2 「私ってニーズなんかなさそうなタイプの人間なんだと思います」（言い訳、気の抜けた言い訳）。

こうしたこと全般を心理士仲間の一人と話し合っていたとき、彼女は、自分は自分のニーズをはっきり言っていると断言しました。彼女は何カ月も前から、ある特別な週末の計画を実行しようと、自分の夫にしつこく迫っているところだったのです。それはどういう週末かと尋ねると、夫の40歳の誕生日にスペシャルな集まりを催したいのだと言いました（彼女自身が「ニーズはない」信念のわなに陥っています!）。ごく率直に言って、これは他者を助けたいというニーズの見本です。そしてそれはやはりニーズの数には入りません！　もしあなたが、普段はどのくらい自分のニーズを表に出しているかを知りたいなら、次のスポットライトをやってみてください。

週末の計画

あなたはたった今、今度の週末の天気予報をチェックしたところです。晴れて暖かくなりそうです。あなたがパートナーに（または友達や同居者に）一番言いそうなことは、次のどれでしょう？

1 何も言わない。相手が何かを提案するのを待つ。
2 「週末、何したい？」
3 「今度の週末、何する？」
4 「今度の週末、海に行くのはどう？」
5 「今度の週末、海に行く？」
6 「今度の週末、海に行きたい」
7 「今度の週末、海に行こうよ」
8 「今度の週末、私は海に行くつもり。あなたも来る？」

もしあなたがニーズの盲点を持っているなら、晴れて暖かくなりそうだという予報と、あなた自身の海に行きたいという願望とを結びつけることすらしないかもしれません。そんなあなたは選択肢1を選び、自分の予定は空白のままにするでしょう。

その他の「ニーズはない」信念の信奉者の人も、選ぶとしたら、1、2、3のどれかでしょう。4の選択肢を選ぶ可能性もありますが、それは相手が海に行きたがっていることがすでにわかっているときだけです（あなたの過剰な共感回路のスイッチが入っています）。

5～8の選択肢こそ、ニーズの妥当な表現の仕方です。機会があれば、それらをさまざまな状況に当てはめて練習してみると良いでしょう。5～8のどこまで、あなたはたどり着けるでしょうか。あなたが自分のニーズを少しずつ言い表すようになったとき、パートナーや友達がどのように反応するかがわかってくるでしょう。それとともに、ほかの人が自分のしたいことを言うときに使うフレーズにも耳を傾けてみましょう。

スポットライト8・3の8の聞き方は無遠慮すぎて無理！と思うなら、それを誰かほかの人が言ったらどう思うか考えてみましょう。あなたは、たちまちその人のニーズに合わせるのではありませんか？　あなたがいつもその人たちの望むことを聞いているなら、その人たちがあなたに聞き返したり、あなたは何がしたいのかと尋ねてくれたりすることはありますか？　それとも、その人たちは「やったー！」とばかりに、ただただ自分のニーズを言い出すばかりでしょうか。

わがまま言わないの！と育てられてきた

この信念を抱かせることになる幼い頃の教訓は、「いい人」信念につながる物語と一部が重なっています。第5章では、いい子になるためには人の役に立たないといけないと信じて育った女の子が登場しました。あの子を思い出してください。彼女はおそらく、わがままを言ってはいけないとも言われていたでしょう。

赤ちゃんの頃、人はためらいなく本能的に、自分のニーズを表現します。一人では何もできませんから、泣いて注意を引こうとします。大人たちはこの行動を受け入れます。ですが、だんだん大きくなって言葉を学び、自分の面倒をある程度みられるようになると、自分のニーズを表現しなくなることがあります。子どもに向かって、要求が多すぎると言いつづけていたら、その子は徐々に自分のニーズをなきものにしてしまうことがあるのです。

私はチャールズ・ディケンズの『荒涼館』の主人公、エスター・サマーソンを思い出しました。彼女の育ての母は、こんなことを言います。「エスター、おかあさんはおまえの恥です。おまえはおかあさんの恥でした」[*8-1]。エスターの母親は結婚前の恋愛沙汰でエスターを産んだのです。「こんな影をせおった人生を生きていくには、いいわね、服従、禁欲、勤労——これしかありません」[*8-2]とエスターは教えられました。そのせいで彼女はＳＨＳに陥ります。小説全体を通して自分のニーズは決して表に出さず、多くの人を助けながら、しまいには天然痘の醜い跡が残る姿になります。エスターはジョン・ジャーンダイスという男性との結婚を承諾します。ジョンはいい人ですが、エスターよりかなり年上で、彼女が愛した人ではありませんでした。エスターは人形に向かってこんなふうに言っています。ここには彼女の「いい人」信念も表現されています。

生まれたときからわたしにつきまとっている罪をつぐなうために力をつくして、おおきくなったらしっかりはたらき、不平をいわず、ひとに親切にふるまい、善行をほどこし、なろうことならだれかに愛されたいわ、と（この罪については気もちの整理がつかず、じぶんがわるいとおもうときもありましたし、そうでないとおもうときもありました）。[*8-3]

子どもが親の面倒をみなければならないときは、子どもでも「ニーズはない」信念を抱くようになることがあります――子どもの「親化《おやか》」として知られる役割逆転です。こうした子どもは、落ち込んだ親を回復させる責任を感じることがあります。それがうまくいかないと、自分を無力に感じ、自分に非があると思ったりもします。発達心理学者のキャロライン・ザーン＝ヴァクスラーによると、こうしたことが人格の発達や自律的アイデンティティの形成を妨げることがあります。[*8-b]「このような『真の自己』の発達不全は、抑うつの前駆症状として認められる」

「親化」は、落ち込んだ親への対処に限らず、親の気分を先回りして気づかなければならない状況全般で起こり得ます。感情の浮き沈みが激しい親、あらゆることを監視し口出ししてくる親などが挙げられます。親から非難されたり脅されたりすることを常に警戒しなければならない子どもは、それを少しでも避けられるようなことばかりしてしまいます。

私の母は虐待を受けて育ち、薬物乱用や自殺企図をしたり人間関係の機能不全に陥ったりしていました。母はたいてい横になっていて、私たちは忍び足で動き回っていました。母は眠っているか、どこかで泣いているかでしたから。私が5歳のとき、学校の先生からつらく当たられ、いじめを受けました。でもストレスをかけてはいけないので、母には言えないと思ったことを覚えています。ある日、ネコが私の寝室にウンチをしたのですが、それすら言えませんでした。言ったら取り乱してしまうので。記憶している一番最初の頃から、母は常に守られ、支えられ、心配される側の人だったのです。6歳のとき、母は私を地元の店に行かせました。私はそういうことは自分がやらなくちゃとわかっていました。私のようなケアラーなら思うことですよね？

——心理士、インタビューにて

私がインタビューしたサポートワーカーの一人は、自分の両親が、子どもに合わせることのできない人たちだったと言いました。子どもたちは情緒的にも身体的にもネグレクトされていたと。服が洗濯されていなかったり、祖母が来るときだけ髪をとかしてもらったりする状態で、学校には行かせてもらえず、ホームスクールもしてもらえませんでした。彼女は個性を育んだり自分自身の人間関係を築いたりする機会を与えられませんでした。「母と父の感情を乱さないようにするのが私の仕事でした。二人は自分たちの気分を盛り立てる役目を私に負わせたのです」

このような人たちは大人になっても他者を優先することがデフォルトになっています。自分のニーズの感覚を養うには、最初に自分を抑えることを身につけたときと同じくらい長い年月がかかるでしょう。それができないままの人もいます。

自分のニーズを理解しながら育った人でも、状況によって、それを失ってしまうことがあります。子どもができたり、高齢の両親の面倒をみたりする責任が重なって消耗してしまったときに、そうした影響が出ることがあります。私のクライアントには、「もう自分が誰だかわかりません」と言う人たちがいます。そういう人は「ニーズはない」信念にとらわれてしまっています。自分がCS関係に陥っていると気づいた人たちにも、同じようなことが見られます。依存者を引き受けるからには、もはや一切のニーズを持つことを自分に許さないのです。依存者が「あなたはニーズを持つべきでない」という自分の信念を示すことで、援助者の「ニーズはない」信念を引き出し、強化することもあります。

「私にニーズなんてあるはずがない」という信念は、どのようにしてそれを抱くようになったかに関係なく、抱いてからの人生を奪い去ります。

「ニーズはない」信念を解体する

◆その信念を抱いていることを認める

すでに述べたように、この信念は何層も積み重なった言い訳の下に隠れています。そのせいで見えにくいのです。もしかすると、あなたには確かに見えているのに、自分に対してそれを認めることにまだ抵抗があるのかもしれません。

この章を読んで、スポットライトを全部やったなら、もうあなたには、自分が「ニーズはない」信念を抱いているかどうか答えが出ているはずです。抱いているなら認めましょう。

◆その信念は不合理であることをはっきりさせる

この信念を抱いていることをいったん認めてしまえば、それが不合理であることはすぐにわかります。あらゆるレベルで間違っているのです。全人類がニーズを持っていますから、自分にもそれがあると認めなければ合理的とは言えません。

この信念を抱いている人は、ニーズを持つのはわがままだと思っていることがよくあります。ですがやはり、そのルールの用い方には一貫性がありません。誰かほかの人がニーズを持っていても、わがままとは思わないのです。自分のニーズに対処することは人としての権利です。

◆その信念は有害であることをはっきりさせる

あなたが自分のために何もしてあげていないこと、そのものが有害です。何もしないどころか、そのことで自分がどんな痛手を受けようと、それすら顧みません。そんな生き方をするものではありません。もしあなたが「ニーズはない」信念を抱いているなら、手遅れにならないうちに、今こそ手放しましょう。

◆その信念を手放す

自分のニーズに向き合おうと覚悟したとたん、あなたは、それがどこにあるかがわからないことに気づき、手探りしはじめます。自分の真意を探りながら、これは本当に自分のニーズなのかどうかとぐるぐる回っています。不合理な信念を持っているという否定しがたい事実を受け入れてからも、まだどこか本当のこととは思えません。ですが、それは完璧に本当です。自己不信が別の形で表れているだけです。

一転して、自分が自己中心的になるかもしれないという見苦しい予感に苛まれる人もいるでしょう。「ニーズはない」信念の正反対の、「すべては私のために」信念を抱いてしまうのでは！　いえ、念のための確認ですが、そうなる恐れはありません。自分のニーズに気づいていない状態から、それにしっかり目を向けるところまで行くだけでも大変なことです。あなたが、もう一方の極端な状態にまで至ることは決してありません。あなたがそんな事態を怖がっているということが、それは決して起こり得ないということを意味します。

◆その信念を別の何かに置き換える

代わりになるもっと建設的な信念は「**私は当然のこととして、自分のニーズに対処する**」です。この信念は合理的に思えませんか？　胸がすくような感じではないでしょうか？　それが真実です。ごく簡単に言える言葉です。もしこれを1日20回繰り返し言いさえすれば、世界を再び正しいものにできるなら、もちろんそうしてみてもいいでしょう。

ですが、自分の習慣を変えるには、「生活を今日から変えよう！」のような単なるセルフヘルプ用のスローガンではなく、効果が実証されているツールを使った日々の練習の積み重ねが必要です。次章で、そうしたツールを紹介していきますが、まずはここで、始めの一歩になる思考実験をやってみてください。

スポットライト8・4

エイリアンによる誘拐（その2）

スポットライト7・2で登場したエイリアンたちを思い出してください。あなたはまもなく見知らぬ星に到着するところです。銀色の宇宙船の窓からは、不規則に広がる都市の姿が見えてきました。有害そうなガスがもくもく湧き上がり、眼下には無数の空飛ぶ乗り物の大渋滞。あなたの心は沈みます（ほら、あなたにもニーズが！）。

ですが、しばらくすると、まばゆい太陽の光が宇宙船に差し込んできました。あなたが降り立った場所は、先ほどとは真逆の美しい島でした。青い空、金色の砂、湧き上がる泉。森の木々には、あなたの好きなトロピカルフルーツがたわわに実っています。エイリアンは、こんなことを言って立ち去ります——ここはあなただけのためにある島です。1週間に一度、小舟がやってきます。あなたがそれに乗って帰ることはできませんが、あなたに必要なものは何でも、その舟で運ばせます。

何を運んでくれればよいですか？

ここまでで、四つの不合理な信念をすべてばらばらにしました。私たちは、なんと多くを達成したことでしょう。次のスポットライトは、手短なまとめです。

不合理な信念の代わりとして私が提案した、すべての「新しい信念」を簡単に述べています。

新しい信念が宣言すること

手のひらを胸に当てます。次に示す四つのフレーズを、ごまかしなく声に出して読めるでしょうか。それができたら、あなたはSHSを回避する道にしっかり進んでいます。

・**私の自尊心は、人を助けることに依存しない。**
・**私は自分にどこまで援助する余裕があるかを理解し、大切にする。**
・**私は自分にどこまで援助する責任があるかを理解し、大切にする。**
・**私は当然のこととして、自分のニーズに対処する。**

第3部

健やかに助ける

第9章

脱SHSのマインドセット

近頃はクライアントに気を配るのと同じくらい、自分自身にも気を配っています。自分の根っこが以前よりしっかりした場所にあるような気がします。

——心理療法士、インタビューにて

ここ数章では、あえて洞窟に足を踏み入れるような作業をして、援助せずにいられなくさせる不合理な信念の一つ一つに光を当てました。自分のニーズに対処しないことによるダメージも明るみに出しました。もしあなたがずっとSHSに苦しんでいて、今まさに、あのような信念と向き合う作業を始めたところなら、どうかハーフハグ（156頁）で自分に優しくしてあげてください。

あの場所を探検したことで不合理な信念が自分の人生に与えてきた影響のことを無念に感じたり、次に何が起きるかを不安に思ったりしているかもしれませんが、探検することを避けていたら、生まれ変わったあなたが洞窟の反対側から出てくることはないのです。これだけは言えます。ここまでこの本を読み、スポットライトに取り組んできてくださったなら、新たな可能性を開くための地ならしはできています。

私はずっと、あなたに人を助けることをやめさせたいわけではないと言いつづけてきました。今こそそれを証明するときです。人を助けることにまつわるあらゆる良いことを思い出しましょう。思いやりからするのであれば、助けられる人だけでなく、助ける人にも、どれほどの喜びがもたらされることか——。今こそ新たなマインドセット、「健全な援助者のマインドセット」を創造するときです。

新たなマインドセットを取り入れるための「マインドセット介入」をおこなうには、いくつかの手順があります。その人にファクトを示すこと、新たなマインドセットをすでに取り入れた人の事例を知ってもらうこと、そしてその新たなマインドセットを取り入れたら自分にどんな影響がありそうかを書き出してもらうことです。

人助けのファクト

まず、あなたに知っていただきたいファクトとして、人を助けることで得られるさまざまな効果についての、学術的な知見を見ていきましょう。

人を助けるときは、援助行為に関係するあらゆる神経回路が一斉に働きだします。スタンフォード大学の健康心理学者、ケリー・マクゴニガルは、それをこんなふうに表現しています。「周りの人をいたわるとき、わたしたちの体の生理状態には変化が起こり、希望や勇気の感情を生み出す脳のシステムが活性化します」[*9-1]

第6章で、脳内の三つの神経系統（調律系、養育系、報酬系）が向社会的行動に関与するとして注目したケルトナーの研究グループも、科学的エビデンスをレビューする中で、次のように指摘しています。「豊富なエビデンスで示唆されているように、親切心から行動すると、その人はさまざまなメリット（有益な効果）を得る」[*9-a]

具体的な効果としては次の六つがあります。

◆効果1　判断力がつく

これは調律系の活性化に関係しています。調律系の神経伝達物質はセロトニンです。この物質は平常時の濃度が高いほど向社会的行動が多くなり、攻撃的な行動が少なくなる傾向にあることから、援助行動との関連が示唆されています。自制心や感情の調節が効果的にできるようになることも、援助者に有利な作用です。セロトニンが分泌されることで、困難な状況で何をするべきかの判断が向上します。

◆効果2　心が落ち着く

これは養育系の活性化に関係しています。養育系の伝達物質オキシトシンは不安をやわらげるのに役立ちます。扁桃体が恐怖反応を発動しようとしたときに、オキシトシンはひそかに扁桃体に作用して、落ち着かせることができるのです。実際にケア行動をすると自分が勇敢になったように感じられるのは、この作用のおかげです。神経科学の研究からも、誰かをケアすると勇気が出るという、好ましい変化が起きることが示唆されています。*9-b

◆効果3　自尊心が高まり気分が良くなる

これは報酬系の活性化に関係しています。報酬系の主な伝達物質はドーパミンです。人が奉仕活動をしたときに気分が良くなるのは、この報酬系のおかげです。例えば、私たちがお金を寄付するなどの行動をすると、報酬系からご褒美としてドーパミンが放出されることで快感を覚えます。ドーパミンには恐怖反応を落ち着かせ、助けたいという欲求を高める働きもあります。ケルトナーたちは次のようにまとめています。「これらの知見を総合すると、向社会的行動においては、脳内のドーパミンに富む報酬回路が重要な役割を担うことが明らかである。それはとくに、親切な行動をするときに『気分の良さ』を発生させることに由来する」

ボランティア活動の心理的影響に詳しいアラン・ラックスが、全米で数千人のボランティアを調査したところ、多くの人が、自分が何か意味のあることをしたと認識でき、そのポジティブな「副作用」として自尊心が高まったと報告しました。私の質問調査の回答者の一人も、「人を助けると幸せな気分になるし、自分に価値があると感じられて、自分のことが好きになります」と書いています。

◆効果4　多幸感が得られる

ラックスの調査では、身体的な効果があることもわかりました。ボランティアの90%が、体が温まったりエネルギーが高まるといった快感があると述べたのです。多幸感を得ている人までいました。ラックスはこれを「ヘルパーズ・ハイ」と呼んでいます。彼の説明によると、こうしたことは体内でエンドルフィン（下垂体で作られモルヒネに似た作用を示す天然オピオイド）が急上昇したときに起きるのだそうです。ボランティアの半数以上は、初期にハイになった後に穏やかな気持ちになり、自分の人生を以前より楽観的に捉えたり、幸福度までもが高まったりしていました。ランナーズ・ハイの感覚と同じパターンです――人が運動にはまる理由の一つがランナーズ・ハイなのです。もしかすると、援助行為が中毒性を帯びてくる背景には、こうしたこともあるのかもしれません。

◆効果5　体も健康になる

同じくラックスの調査では、ボランティア活動が長期的な健康を向上させるというエビデンスも示されています。ラックスが調査したボランティアからは、関節炎や喘息といった、さまざまな慢性疾患の改善が報告されました。大切な人との死別を経験した高齢者が、その後にボランティア活動を始めると、そうしなかった場合に比べて長生きする可能性が示唆されています。公衆衛生の専門家であるダグ・オマーンは、この種の研究を総括する中で、「ボランティア活動をすると平均的に長生きになり、自己採点による健康度が高まり、身体機能が良好になる」と述べています。[*9-c]

私は今、人を助けることの心理的メリットのことを書き終え、ちょっと休憩をとることにしました。ラジオをつけると、ワクチン接種会場のボランティアをしている人がこんな話をしていました。

接種会場で一人の女性が近寄ってきて、気になる高齢のご夫婦がいると言いました。そのご夫婦はバスを降りるのもひと苦労で、奥様がご主人をかろうじて支えているような状態だったそうです。誰かがご主人のために車椅子を運んできました。それを見ていた女性は、ご夫婦が帰りにタクシーを使えるように、そのボランティアの人に幾ばくかの現金を託したそうです。女性は注目されることを望まず、ご夫婦に誰がお金を出したのかを知られたくないと言いました。ボランティアはワクチン接種会場に入り、ご夫婦を見つけました。どうやって帰宅するつもりかと尋ねたところ、バスで帰ると言うので、先ほどの女性のことを話しました。そして預かったお金を手渡したとき、ご夫婦ともども目に涙も浮かべていたそうです。このときあの女性はすでに会場を去っており、その人はラジオ局に電話して公開の場でお礼を言ったのです。

私は人助けの話を聞くだけでも気分が高揚することに気づかされました。良い影響は援助者と援助される人の外にも広がるのです。

◆効果6　絆が保たれる

科学者のシェリー・タイラーは、ソーシャル・サポートについてレビュー論文を書いています。[*9-d] ソーシャル・サポートとは、人は他者から愛されケアされるべき対象であるという捉え方です。タイラーは数十年分の研究を調べた結果として、ソーシャル・サポートによって、身体の健康と心理面に一定範囲の有益効果があることを指摘しています。一例を挙げれば、他者をサポートすることで個人的なつながりが強くなったり、自分が助けを必要とするときに助けてもらえたりする確率も高くなるということです。タイラーは、こうしたことを信じているだけでも心の安らぎにつながると言っています。

私は人を助けるのが大好きです。とくに自分が援助することで、その人にとって事態がどのように良くなったかや、どのくらい意味があったかがわかるのがうれしいのです。自分が気にかけている人たちに、そういうことをしてあげられるなんて素敵なことです。自分とその人との関係を深めることにもなると思うのです。

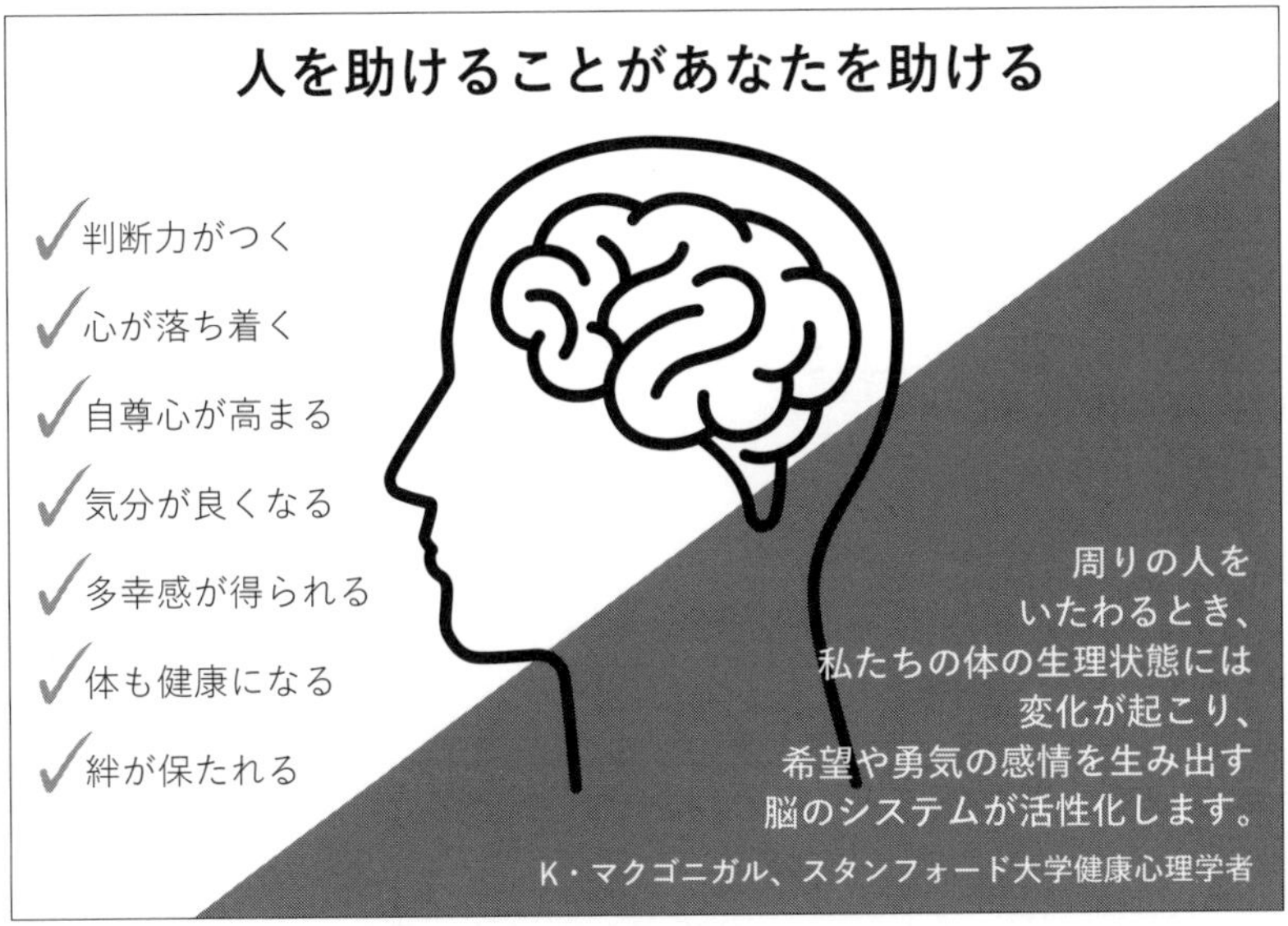

――オペレーション・マネージャー、
質問調査の回答より

ここまで、人を助けることのメリットについての学術的な知見を紹介してきました。マインドセット介入をおこなおうとする科学者は、新たなマインドセットの裏付けになるエビデンスのまとめとして、よくポスターを使います。「健全な援助者のマインドセット」の場合は上の図のような感じでしょうか。

新たなマインドセット

◆脱SHSした人たちのマインドセット

マインドセット介入では、ファクトを示した次は、望ましいマインドセットをすでに取り入れている人の声を使います。ここで、健全な援助者の人たちに「人を助けることで何が得られますか？」と尋ねたときの答えを見てみましょう。

人を助けると明るい気持ちになります――それは私の使命です。

私は人を助けることが大好きです。とりわけ好きなのは、苦労している人たちが私の手助けで困難な時期を乗り越えられるような状況です。自分が何か価値のあることをして、ほかの誰かの苦労が少しだけでも解消されたなら、私自身も幸せです。

誰かの一日、誰かの人生に、自分が変化を起こしたと知ることほど、やりがいを感じることはありません。ただ私は、自分がしっかりした状態でなければ人を助けることなどできないと学びました。ですから今は、ちゃんとバランスがとれるようにしています。

私は母親として、娘たちに「人の役に立つ」人であれと強要したり、他人の感情や幸福の責任を負うようにさせたりはしませんでした。それは私自身が学んだことでもあります——自分がする援助に限度を決めて、もうたくさんと思ったときははっきり言うことにしています。

◆自分への影響をイメージする

最後に、マインドセット介入では、その新しいマインドセットを取り入れたら自分にどんな影響がありそうかを書いてもらいます。そうすることで、あなたが「健全な援助者のマインドセット」に本気で取り組み、自分のものにすることを促すのです。

スポットライト9・1

自分にとっての健全な援助とは

健全な援助とは何かについて、学術的なエビデンスと経験者の言葉を読んでいただいたところで、次はあなたの番です。援助することでどんな良いことがあるか、あなた自身の経験をすべて書き出してみましょう。人を助けて素晴らしい気持ちになったときのことを、残らず思い出してください。あなたが得たことは何でも、遠慮なく大胆に言葉にしてください。

マインドセット介入の要素は以上でおしまいです。「健全な援助者のマインドセット」を受け入れられたなら、あなたはもう自分にできる援助のことを思い、新たなわくわくを感じながら張り切っていることでしょう。

大丈夫。あなたの脳と体は、あなたをサポートするように配線されています。

自分のニーズに対処する

「健全な援助者のマインドセット」を身にまとったところで、今度は自分のニーズのことを、もう一度考えるときです。健全な援助者でいるためには、このことにも目を向けなければなりません。第8章で「ニーズはない」信念を解体したときに述べたように、あなたは何が自分のニーズなのか、手探りしていることでしょう。そこで、自分のニーズについてじっくり考えられるように、スポットライト3・2で挙げた11のニーズを検討するにあたってのヒントや、私が実際にやってみて良かったことをまとめてみました。

◆対処すべき自分のニーズを探す1：健康

ほかの人の世話をすることばかりに気を配ってきた人は、健康診断や歯科検診をとかく後回しにして、症状に気づかないふりをしがちです。自分の健康をおろそかにするこうした振る舞いは、「ニーズはない」信念のしるしです。

重要なのにおろそかにしがちなことといえば、睡眠です。睡眠不足だと、心身への悪影響が表れます。体は1日の3分の1を眠って過ごすようにできています。ですが、8時間ぐっすり眠れる人は多くはありません。私の睡眠を改善してくれたのは、シルクのアイマスクです。体内時計に関する本で、寝室を暗くすると、睡眠ホルモンとも言われるメラトニンの分泌が促されると知ってたどり着いた、最も安価でシンプルな解決策です。

女性であれば、月経周期も重要です。女性の健康ジャーナリストのガブリエラ・リヒターマンによると、女性は月経周期の前半に、援助の求めに対して「イエス」と答えがちになるということです。排卵が近づくにつれ、エストロゲンとテストステロンの血中濃度が上昇します。その結果として気分が高揚する（ヘルパーズ・ハイ）せいです。一方、排卵直後には、エストロゲンの下降とプロゲステロンの上昇により、気分の落ち込みやエネルギーレベルの低下が起きるのだとリヒターマンは警告しました。「月経周期の後半になると、『ヘルパーズ・ハイ』の幸福感から、憤り、ストレス、不安などに転換することがあります。そのときあなたは、すでに約束だらけになっている毎日に懸命に合わせようとしているのです」

最後にもう一つ、偽りのニーズに触れましょう。偽りのニーズとは、すぐに満足をくれる「甘やかし」に屈することです。代表的なのは、過度な飲酒や喫煙の習慣です。こうした偽りのニーズは長い目で見れば不健全なニーズです。

◆対処すべき自分のニーズを探す2：運動

私はあるインタビュー記事を何度も読み返しています。御年１０３歳の男性の話です。その人が長寿の秘訣を尋ねられたときの答えは、たった一言、「歩くこと」でした。１日１万歩が勧められていることは誰もが知っています。ですが、５６４９歩に満たない歩数だと不安や抑うつのリスクが高まるということはご存知だったでしょうか？ 平均的なアメリカ人は４７７４歩です。こうした数字はケリー・マクゴニガルの『スタンフォード式 人生を変える運動の科学』に載っています。もっと運動したくなるような刺激を受けたいなら、彼女の本はとっかかりにちょうど良いでしょう。

もし腰痛のような症状を経験したことがあるなら、人生を変えるかもしれない器具があります。フォームローラーです。今すぐ一つ買うべきです！ 届いたら、その上に10分間、何もしないで横たわりましょう。背骨が解放されるような感覚が、私の腰に驚くべき効果をもたらしてくれました。

◆対処すべき自分のニーズを探す3：心理

自分の心理的ニーズに対処する方法を三つ紹介しましょう。

一つ目は、第5章で紹介したセルフ・コンパッションです。スポットライト5・2〜5・8を振り返りましょう。私自身、セルフ・コンパッションを養うことで、自己批判的な思考を中断する能力が高まりました。良いところはほかにもあります。例えば、人前で話すときに緊張してしまうことを、興奮という形で生理学的な覚醒が起きているのだと、自分なりに捉え直して不安を取り除く、リフレームという作業もできました（この過度の覚醒を管理するという問題に関連して、高まりすぎた共感回路を抑制したいと思っている人にはバベット・ロスチャイルドの本をお勧めします。彼女の著書では、覚醒の六つの段階と、それぞれの段階の心拍数や皮膚温、発汗などの変化の違いが説明されています）。

二つ目は、サポートを見つけることです。カウンセラーや友人、家族にサポートを（与えるだけでなく）求めることで、オキシトシンのあらゆる有益な効果が得られます。カウンセラー探しにおいて時間とお金を節約し、少しでも失望しないようにするためのコツを一つ挙げるなら、最初に申し込んだカウンセラーを無理して続ける必要はないということです。しっくりこないと感じたら、気兼ねなく別の人を当たりましょう。

最後は、マインドレスネスです。人は皆、何もしないでいる時間も必要としています。焚き火の前で猫のように丸まっていることを選ぶときがあってもいいのです。ちょうど昨夜、私は、飼い主の膝でくつろぐ猫のような気分でコーチングをおこないました。猫の「ゴロゴロ音」を提供するウェブサイトに接続し、その音をコンピューターのスピーカーで流していると、瞑想のような効果がありました。

◆対処すべき自分のニーズを探す４：家

わが家と呼べる場所を持つことは、自分の健康ニーズを満たすこととほぼ同じくらい基本的なことです。もっと高い次元のニーズに対処する前に、自分の住んでいる場所を見渡してみましょう。そこはあなたにとって安全な場所ですか？　もし安全な場所にいるなら、次の質問です。どうすればそこをもっとくつろげる場所にできるでしょう？

まず、援助者なら誰でも、休んで充電できる居心地の良い場所が必要です。安心して外の世界から身を隠していられるところ、誰からも何も要求されず、自分自身のニーズを満たすことができる場所です。私が話を聞いた多忙な援助者の皆さんや、自分がケアしている相手と同居している方々にとって、自宅はくつろげる場所とはほど遠いことがあります。そういうときは、部屋のほんの片隅でもいいので、自分だけのスペース、自分の聖域になる場所を作ることをお勧めします。

そして、家の中の小さな不具合に対処しましょう。人は誰でも、きしむドアや塗装の傷、切れた電球などに目をつぶります。こうしたことの一つ一つはちょっとしたイライラの種というくらいで、それ自体に大した重みはありません。ですが、そういうものを数多く抱えていると、その重みが積み上がり、塗装の傷みや切れた電球を目にするたびに一層重くのしかかってきます。こうしたイライラの種を無視することは、よくある自己破壊のタイプなのです。

小さな不具合が消えていくことは、そのための骨折りより、はるかに価値があります。あなたはその重みから解き放たれ、自分のことがより好きになるのです。

家の中が散らかっているのも、小さな不具合の一つと言えます。片づけはちょっとしたセルフケアの行動です。

◆対処すべき自分のニーズを探す5：近しい関係

幸福に関する研究[*9-e]を見ていると、私たちの全般的な幸福がいかに人間関係の状態に左右されるかに気づきます。人間関係は、両者が時間と労力をかけて育まなければならないものです。もし相手があなたほど努力していないなら、関係を終わらせることが正しいのかもしれません。それは悲しく痛ましいことです。身近な人の世話をすることが天性のような人にとっては、とくにつらいことでしょう。関係が終わったと認めることには勇気が必要で、サポートを要するのが普通です。

今はまだ親密な交際はしていないけれど、それを望んでいるという人は、そのことに十分な時間とエネルギーをかけられるかどうかを自問してみてください。あなたのライフスタイルは、ほかの誰かが入ってくることを許容できますか？　あなたにとって申し分のない人が見つかりそうな場所に目を向けていますか？

ひとまずここでは、あなたには交際相手がいて、その関係を強化したいと思っているとしましょう。一つのやり方は、ロッドと私が「関係の見直し」と呼んでいる作業を始めることです（具体的なやり方は次ページのスポットライト９・２をご覧ください）。これをするには愛と相互理解（お互いにできるだけ健全なパートナーシップを作りたいという気持ち）が必要です。定期的に見直しをすれば、あなたがいつもならパートナーとはしないような対話、それでもしなければならないとわかっている対話がくっきり浮かび上がってくるでしょう。大変な作業ではありますが、小さな誤解やイライラがつのるのを防ぐことができます。また二人が共有する愛を喜び合う機会にもなるでしょう。それをするだけで、お互いが相手をいかに大切に思っているかに気づくことになります。

あなたのパートナーは、こうしたことに前向きに挑戦するような人でなければなりません。もしためらうようなら、上記の論点をいくつか持ち出せば、あなたの意図を納得させる裏付けになるかもしれません。これは必ずしも関係修復のためではないということを言っても良いでしょう。何か悪いところがあるから、あるいは具体的にアイロンをかけるべきしわのようなものがあるからといって、見直しを始めようとするのではないのです。実際のところ、関係の見直し作業を導入する最良のタイミングは、二人が熱愛中で、そのまま続けたいと望んでいる付き合い始めの頃なのです。

関係の見直し

まず取りかかる前に、目的は関係を強化することにあると、二人が了承していなければなりません。

前もって基本ルールに同意しておくと良いでしょう。相手を非難しないこと、身構えずに積極的に聞くこと、何でも言いたいことを言って大丈夫だと同意しておくこと、などです。

1 パートナーと時間を決めます。理想的には1時間です。
2 代わりばんこに10分間、それぞれが話してください。
3 自分の番には、二人の関係のことと、そのほか何でも話題にしたいことを話しましょう。その間、もう一方は黙っています。
4 どう話しはじめるべきかがわからなくても、または、言いたいことは「私はすべてに満足している」だけであっても、10分全部を使って話してください。
5 二人がそれぞれ話し終えたら、さらに自由な形式で話し合いをして、話題になったことをはっきりさせたり、答えたり、あなたが変えたいと思うことがあれば、それに同意を得たりすると良いでしょう。

何が同意されたかを記録しておくことが大切です。時間が経つうちに、その記録に繰り返し出てくるテーマがわかってきます。それは二人で歩む旅路の年代を追ったアーカイブにもなるでしょう。

◆対処すべき自分のニーズを探す6：キャリア

「ニーズはない」信念を抱いている人は、自分のキャリアをおろそかにします。自分のすべての労力を、ほかの人の出世を助けることに注ぐのです。そういう人はケア労働を実践する立場のままでいたいので、わざと控え目にして、管理職になることを拒んだりします。

私はインポスター症候群に悩んでいる何百人もの人と仕事をしてきました。援助者の中にもそういう人がいます。インポスター症候群の人たちは、仕事に秀でている場合でも、自分の実力を肯定できません。「会社は私を間違って雇った」「私は候補者の中で最後に選ばれた」「本当の私はここにいられるほど優秀ではない」といった思いに苛まれます。インポスター症候群の人は、いつか自分が無能であると周りにバレるに違いないという恐怖感から、それを埋め合わせるように過剰に努力します。ほかの人の仕事を引き受けたり、早朝に出勤して夜遅くまで残業したりします。ほかの誰より力を注いで、せっせと働くのです。そしてついには、こうしたことすべての結果として、昇進の機会がやってきます。ところがそうなると、今までより一層おびえだすのです。

もしこれを聞いてなじみがある気がしたなら、恐れではなく思いやりから、自分にやる気を起こさせるようにしてみてください。「内なる批評家」と「セルフ・コンパッション」のスポットライトを見直すと良いでしょう（スポットライト4・1〜4・3、5・2〜5・8）。誰かがただ親切心からポジティブな意見をくれたら、それを疑問視するのではなく、そのまま信頼して受け入れましょう。完璧を求めることをやめ、ミスをする自分を許しましょう。プレッシャーから解放されるのです。それでもあなたなら、ほかの誰よりきちんと仕事ができますから。

意味を見出せる仕事をすることも、自分のニーズを満たすことになります。[*9-f] あなたの仕事を、どれだけ人の役に立つかという観点からリフレームしてみましょう。

スポットライト９・３

自分の役割に意味を見出す

経営心理士は、組織に必要な戦略や課題を洗い出すために、業務担当者ごとのタスク、コンピテンシー（行動特性）、レスポンシビリティ（業務遂行責任）をリストアップした「ロールプロファイル」を作成します。

これと同じようにして、あなたの仕事について、あなたの仕事から直接・間接に利益を得る人たちにどんなことを提供しているのかを書いてみましょう。

あなたの所属組織が持っているポジティブな価値全般（持続可能性、企業の社会的責任、他社との提携）について考えても良いでしょう。そしてそれらに対するあなた自身の役割をどのように位置づけら……れるか、などです。

もし、自分の役割をリフレームしても十分な意味が見出せず、転職も容易でなければ、残る選択肢として、仕事以外の場で自分のニーズを満たすことに努めましょう。

◆対処すべき自分のニーズを探す7：お金

多くの人はお金に対して不健全な態度をとります。多すぎると罪悪感を感じ、少なすぎると侮辱された気がするのです。援助者の人たちによくあるのは、お金をあげてしまう、お金を持っていることに罪の意識を感じる、お金に注意を払わない、借金状態に陥る、自分のためには決して使わない、などです。もしこのどれかに自分が当てはまると思うなら、すぐにでも別のマインドセットを選んでください。お金にまつわるニーズに対処するマインドセットです。

もしかするとあなたは、そんなことは重要でないと言うかもしれません。でも賭けてもいいですが、あなたは真っ先に勘定書きに手を伸ばす人です――お金はほかの人にとっては重要だと知っているのです。

私が一緒に仕事をしたある女性は、銀行の明細書を開封するのを避けていました――なのに自分の資産状態がコントロールできていないことは不安に思っています。私のクライアントの自営業者の人たちが、いかに自分の業務の料金を低く請求しがちなことかは、驚くほどです。もしあなたがこうした人の一人なら、自分のニーズに対処する上で優先すべきは、この問題への取り組みです。

何があなたのじゃまをしているかを調べてみると良いかもしれません。まずはお金にまつわる自分の生い立ちを振り返ってみることです――大人になるまでの間、あなたの周りの人のお金に対する態度はどうだったか、そしてそれに対してどんな言葉が使われていたか――。自分への評価の仕方の由来が、そういうところにあることが多いのです。第5章の自己評価に関する部分（148～154頁）をもう一度読んでみましょう。また、次章10章のアサーティブネスのところ（312～317頁）も、クライアントや雇用主に自分の価値を主張するときに役に立つかもしれません。

お金に関する自分のニーズと、そこから得られるあらゆるメリットを否定することは、「ニーズはない」信念のごまかしの一つです。私たちはお金というと、援助とは正反対の、堕落や貪欲を連想します。ですが、あなたにはほかの誰よりも豊かさを手にする権利があるのです。

スポットライト9・4

お金の出入りを追う

お金にまつわる不安を少なくし、自分が権限を持つという意識を高めるための一つの方法は、自分がいくら持っていて、それがどこにあるか、いつ入ってきて、どこに出ていくかを知ることです。少なくとも1カ月間、日記や計算ソフト、あるいはその目的に特化したアプリを使うなどして、すべての決済を追跡してみてください。

・予期せぬ出費がありますか?

・支出をどのくらい減らすことができそうですか? 例えば、不必要なサブスクリプションをキャンセルするとどうでしょう。

・自分の楽しみのためにお金を使っていますか? あるいは使うことができそうですか?

・あなたの長期的な幸福を増進してくれるものがもしあるなら、そのために貯金をしていますか?

お金の管理に関するニーズに気づくことも一つです。もう一つは、自分の持っているものを楽しむ自由、そしてそれを使いたいように使う自由を自分に許すことです。

◆対処すべき自分のニーズを探す8:楽しみ

人を助けることに関する私のお気に入りの先駆者を振り返ってみましょう――フリードリヒ・ニーチェは、こう言っています。「そう、私も悩んでいる人にあれこれ善いことをした。だが、もっと善いことをしたと思えたのは、いつも、私自身もっと善く喜ぶことを学んだときだった」。[*9-2] 多くの援助者にとって、自分の喜びにつながることは優先順位のリストのはるか下のほうにあって、まったく見えなくなってしまっています。その人たちが力を注ぐのは、とにかくほかの人が間違いなく喜んでくれるようにすることだけです――親友のために誕生会を計画したり、庭で子どもたちを楽しませたりするように。もし自分のために時間を使ったりしようものなら、援助者特有の罪の意識が芽生えるのです。

楽しいときを過ごすための健全な方法を見つけましょう。毎日忙しい人、あるいはプレッシャーや悲惨な環境のもとで働いている人にとって、それは難しいことです。健康のところで述べたような偽のニーズに訴えることで、お茶を濁すことになりかねません。

あなたが人生のほとんどを「深刻な」問題を抱えた人の世話をすることに費やしているなら、その重責に伴う、従順で、真剣で、選択の余地のない大人モードのスイッチを切るのは困難です。陽気で、リラックスして、馬鹿馬鹿しくて、楽しく、のんきな子どもモードに切り替える方法を、あなたは忘れています。そういうことは無責任だとか、望ましくない状態だとすら判断するかもしれません。

ですが、楽しいことに眉をひそめないでください。人は誰しも、生まれながらに笑って楽しむことを受け入れます。そしてそういうことは、あなたにとって望ましいことです。コメディアンのステファニー・デイヴィスは、著書『Laughlogy（笑い論）』の中で、笑いが持つさまざまな健康メリットを挙げています。免疫系を高めること、強張った体をゆるめること、睡眠を改善することなどが含まれています。私は最近、彼女とビデオ通話をしたのですが、彼女はキッチンに「ジョーク瓶」を置いていて、面白メモでいっぱいにしているそうです。「子ども心を思い出したいときやインスピレーションを得たいときに、瓶の中からメモを引っ張り出すんです。くだらないダジャレでもおバカな替え歌でも、つい笑ってしまったあれこれを目にすると、子どもモードにたちまち戻れるのです」

もし、子どもの頃の自分と再びつながりたいなら、最初にするべきことは、自分にそれを許すことです。実際に子どもたちと過ごしても心が解放されるかもしれません（もしあなたが、すでに親としてぼろぼろになっていたり、小児科で働いていたりするのでなければです!）。子どもと一緒に遊んでいる時間は、小さなことに喜ぶ言い訳が手に入ります。最近、キャンプ旅行に出かけたある夜、私は8歳の姪と一緒に、グロースティックをつなげて作ったティアラとバングルとウエストバンドを身につけてはしゃぎました。

自分の奥底にある楽しい部分を見つけるもう一つの方法は、子どもの頃に好きだったことをまたやってみることです。今はどんなことにも、大人向けのスクールやグループがあります。内なる批評家のペルソナを作るとき、その作業をしていると自分の内なる子どもが出てくるのでとても楽しいと、皆さんがおっしゃいます。

スポットライト 9・5

笑っているあなた

少しだけ時間をとって、次の質問に答えてください。あまり考えすぎないようにしましょう。最初に頭に浮かんだことを書き出してください。

・何があなたを笑わせてくれますか？
・誰があなたを笑わせてくれますか？
・もしこの週末に何をしてもいいなら、何をしたいですか？
・今までで一番楽しかったことは何ですか？
・もし世界中どこへでも行けるなら、どこに行きたいですか？
・宝の箱を見つけ、そこにあなたの名前が書いてあったら、中に何が入っていると思いますか？

◆対処すべき自分のニーズを探す9：コミュニティ

たとえ健全なタイプだとしても、援助者であるなら、あなたは間違いなく人生で多くのものを人に与えています。もしあなたが自分のニーズも満たそうとするなら、あなたに同じくらい何かを与えてくれる人――友達を、数人で良いので持っておかなければなりません。その人たちとなら、あなたが一方的に助けるだけの間柄にはなりません。これが健全な援助者のルールです。互恵性の原則です。あなたは私を助けてくれるから私の友人だ、と言うような人は、あなたの本当の友達ではありません。

自分にとことん正直になって（胃が痛くなるかもしれませんが）、関わりのある人たちを分類してみましょう――あなたからの援助をあてにしている人か、それとも友達か。たぶんあなたは、こんなふうに人を物扱いするようなことには罪の意識を感じるでしょう。確かに、私はこういうことを誰にでも提案するわけではありません。人を助けずにいられなくなっている人だけです。これはあなたに試してみてほしい、ちょっとした秘密の思考実験です。もっと系統立てておこなうには、次のスポットライトをやってみるといいでしょう。

スポットライト9・6

フレンドメーター

一時期でも関わりのあった人を思い出し、次の質問に、私／ほぼ同等／相手、のいずれかで答えてください。

1　助ける側に回ることが多いのは、どちらですか？
2　声をかけることが多いのは、どちらですか？
3　何かを尋ねることが多いのは、どちらですか？
4　その人の人生の細かいことを覚えているのは、どちらですか？
5　励ます側に回ることが多いのは、どちらですか？
6　その人のために、自分はいつもここにいると知らせているのは、どちらですか？

もし、誰かを思い浮かべながら質問1で「私」と答えたなら、どうか深呼吸をして、その人を「あなたからの援助をあてにしている人」用のバケツにそっと放り込んでください。それから、友達の可能性のある別の人を思い浮かべてフレンドメーターを続けましょう。

友達だと思っていたのに、援助をあてにしている人だとわかった相手と関係を続けるかどうかはあなたが選ぶことです。それはもう意識的な選択です。とはいえ、あなたとの関係に、あなたと同じくらい何かを与えてくれる友達がいなければ、あなたはやがてまた疲弊と憤りを感じてしまうでしょう。

フレンドメーターの質問で、いずれも「ほぼ同等」と言いきれた人が本当の友達です。こうした友達のリストは、短いものになるのが常です。「ニーズはない」信念と戦っているのであれば、そうした本当の友情を育み大切にすることを身につけなければなりません。

私は、一般的な意味でのコミュニティの価値を矮小化したいわけではありません。それも私たちが持っているニーズです。アルフレッド・アドラーの、社会への関心（共同体感覚）という概念を思い出してください。あれは現代人の生活、とくに匿名性の高い都会生活において、しばしば見失われるものです。もしあなたが、コミュニティに関するニーズが満たされていないと思うなら、意気投合できる仲間やグループを、今いる場所で探してみることを強くお勧めします。

◆対処すべき自分のニーズを探す10：向上心

人類にとって、成長とは学ぶことを意味します。どれだけ年を重ねても、外国語を学んだり楽器を始めたりすれば、ニューロンを発火させつづけることが可能です。学ぶことは私たち人間を決定づける特徴です。芸術や科学の素晴らしい高みへと私たちが導かれたのも、学びのおかげです。

ずっとためされ。ずっと失敗され。構わない。またためす。また失敗する。もっと良く失敗する。[*9-3]

——サミュエル・ベケット『いざ最悪の方へ』

とはいえ、長らくSHSに苦しんできた人にとっては、向上したいというニーズなど、屋根裏に積もった埃のようなものでしょう。援助者が身につけているスキルといえば、人助けがうまくなるためのものばかりということが、よくあります。第6章で述べたように、援助関係の資格を取ることがやめられない状態が、「みんなを助ける」信念の兆候と思える場合があります。ここでは、あなたがもっと視野を広くして、自分自身のために学びたいと思うことを考えられるように促したいと思います。

これから始められそうなことを思いつくまま挙げてみます。アーチェリー、社交ダンス、カリグラフィー、占い、刺繍、野菜の栽培、ハンググライダー、即興演奏、ジャグリング、空手、写生、マクラメ編み、ノルウェー語、折り紙、マッチ箱ラベル収集、輪投げ、ボート漕ぎ、歌、テニス、ウクレレ、動画編集、ウィンドサーフィン、ガーデニング、などなど。

スポットライト9・7

新しい習い事計画

あなたは何を習いたいですか？

どのように習いはじめますか？　誰かと教え合う、道具をレンタルする、体験レッスンに参加する、誕生日の贈り物にもらう、などの機会はありますか？

やる気を出すために、いくつかの短期の目標と最終的なゴールを設定すると良いでしょう。そして楽しむことを忘れずに！

習い事を始めようと張り切っているときは、あまりに野心的になりがちです。あれもこれもに手をつけかねません。ジム・キャリーが演じた映画の『イエスマン〝YES〟は人生のパスワード』がそうでした。彼は何を提案されても同意します。たくさんのアクティビティがある中で、彼はギターと韓国語とセスナの操縦を同時に習いはじめました。あなたは最初のうちは一つか二つにしぼって、ちゃんと続けられるようにしたほうがいいと思います。そのほかのことがしたければ、またいつでもできますから。

視野を広く持って向上心のニーズに取り組むと、将来の希望を考えることにつながります。壮大なアイデアを思い浮かべたり、わくわくするプランや夢を持ったりすると元気が出ます。誰にも言わなくていいのです。いつでもすぐに書き換えてもかまいません。

スポットライト9・8

思い切って夢を見る

5～10年後の自分の人生がどうあってほしいですか？　以前にリストアップしたすべてのニーズを考慮に入れ、自分がなりたい人物像を考えてください。

・あなたはどんな人になりたいですか？
・あなたは何をしていたいですか？
・あなたはどこにいたいですか？
・あなたは誰といたいですか？
・あなたはどんな気持ちでいたいですか？

最後の質問は、どんな気持ちでいたいかという情緒的な目標を定めるように求めるものですが、おそらくこれが最も重要です。ほかのすべての質問がここに影響します。最初の四つの質問への回答が、自分の情緒的な目標の方向性につながることに注目しましょう。

◆対処すべき自分のニーズを探す11：魂

ニーズの木のてっぺんにたどり着いたところで、いよいよ最後の一つ、人生の意味に関するニーズです。あなたにとっての魂です。私たちは第5章で、本当の「自己」を見つけるための探求の話をしました。あのロバート・ハートマンが説いた、自分がいい人間であると自覚することについての哲学の核心部分です。この本当の「自己」の表れ方が、魂にまつわるニーズと直接関係しています。

それを見出す一つの方法は、あなたの価値観を出発点にすることです。あなたが援助者なら、予想されることですが、そのいくつかはつながりや思いやり、コミュニティなどに関することでしょう。ですがそれだけではありません。時間をとって、あなたの隠れた価値観を明らかにしましょう。

スポットライト9・9

隠れた価値観

さまざまな価値観を示す単語をリストアップしました（傍線が引かれている単語は、援助者にとって明白な価値観です）。ここから、あなたがとくに大切にする価値観を選びとっていきましょう。

あなたの心に響くものにマークをつけるか、あなたの心に響かない単語をバツで消していってください。5～6点に絞り込まれるまで、このプロセスを繰り返してください。

受容
達成
冒険
美意識
野心
分析
芸術
アサーティブネス＊
正統
帰属
賛美
慈善
責任
コミュニティ
思いやり
能力

努力
熱狂
環境
平等
専門性
探求
公平
信用
家族
フィットネス
自由
友情
質素
楽しさ
寛大
成長

知性
親密
発明
喜び
正義
親切
知識
リーダーシップ
学び
愛
忠誠
音楽
自然
養育
開放
楽観

＊相手を尊重した上での自己主張

競争
つながり
良心
勇気
創造
文化
好奇心
民主主義
原理
多様性
効率
安全
単純
精神性
自発性
ステータス

協調
健康
援助
歴史
正直
謙虚
ユーモア
包摂（排除しない）
自律
個性
誠実
強さ
成功
我慢
伝統
信頼

忍耐
平和
完璧
哲学
愉快
力
保護
時間厳守
リラックス
日課
科学
真実
活力
富
野生
知恵

……………………

選びおえたら、次の質問についてよく考えてください。

・あなたは人生の中で、これらの価値観をどの程度まで表現できていますか？

・もしそれを見失っているなら、どこで見つけられると思いますか？

第10章

最強の防御

ここまでで健全な援助のための条件が整いました。SHSからのサバイバルガイドである本書の最後として、自己防衛について取り上げましょう。健全な援助者をいかにして守るかという話です。ストレスとストレス耐性（ハーディネス）に関する心理学研究の話題を紹介し、自分を守ることがきわめて難しいいくつかの状況――トラウマに対処するとき――を再検討します。そして援助者が使える備えの中で、防御力が一番高いものについて話します。援助の限度を決めることです。

ストレスは悪いもの？

科学界やマスコミは、ストレスが心血管疾患をはじめとする数多くの健康問題の原因になるというストーリーを盛んに言ってきました。今や誰もがそういう話を信じています。人生の中でくじけそうになったとき、私たちは必ずと言っていいほどストレスのせいにします（自分が援助をやめられないせいだとは思いません）。人はストレスを和らげるために休暇をとり、ストレスがかかる仕事を休みます。ストレスはあらゆるところにあって、その影響を多くの人が心配しています。

援助者の場合、ストレスには罪悪感というおまけが付いてきます。プレッシャーを処理しようと手を尽くすとき、援助者は罪の意識を感じます。自分が休みをとったら、すでに過剰な負担がかかっている同僚たちをさらに頑張らせてしまう——そんなことに罪の意識を感じるのです。

私がインタビューした人たちは、援助者特有の罪悪感を持つことに対してまでも、自分を責めていました。ある人はこう言いました。「ストレスって世界で一番問題になっていることですよね。私もうまく対処するべきなんです」。そういう人たちは、ストレスのために休みをとることは無駄だと私に言いました。家にいても気持ちを切り替えられませんから、職場にいたほうがいいくらいなのかもしれません。

ストレスは回避するように努めるべき悪いもの、という言説が長きに渡る常識でした。ですが、ケリー・マクゴニガルは、ストレスの害をいくら強調したところで、それを回避しようという前向きな反応は得られにくいことに気づきました。著書『スタンフォードのストレスを力に変える教科書』の中で、ストレスに関する統計データを介護者に示した際、そのぞっとするような結果に涙目になった人はいるが、ストレス回避に取り組みたいと言ってくれた人はいないというエピソードを披露しています。

全産業界がストレスは悪いことだという見方に飛びつき、ストレスマネージメントのプログラムが大はやりですが、たいした効果はありません。そうしたプログラムは、たいてい最初の1時間はみっちり始まり、ストレスがいかに悪いことかを警告する統計値をだらだら見せられます。どれも有意義な研究結果ではありますが、それを聞いて何の役に立つでしょう？　結局、受講者たちは、ストレスについてのストレスを被るだけです。運営側には、受講者に本当に必要なリソースや支援策を提供するつもりはないのです。その代わりに心理士を登用し、受講者全員に1日コースを受けさせるだけなのです。

ですが、私たちが経験するストレスの多くは、ストレスマネージメントのテクニックだけでは解消されません。プレッシャーや苦痛の多い環境で働くことを避けられない人は多くいます。テクニックを試す余裕はありませんし、それで職場環境が変わるわけでもありません。

一方、私たちが避けたいとは思わない出来事からストレスが生じることもあります。人生の中で経験する最良のことも、場合によってはストレスフルなのです。例えば、新しい家に引っ越すこと、結婚すること、子どもを持つこと、本を書くこと、などなど。ストレスがなかったら人生は退屈なものでしょう。あまり知られていませんが、ストレスにはもう一つの側面もあるのです。それは、ストレスが人にとって良いものでもあり得るということ、そして人はストレスに耐えられるということです。

ハーディネスの力

ストレス耐性を意味する「ハーディネス」という考え方は、人がストレスフルな状況にどう反応するかを研究した心理学者たちが生み出しました。この用語を初めて用いたのはスザンヌ・コバサです。[*10-a] 1970年代にシカゴ大学の大学院生だったコバサは、今や伝説にもなったある調査を、イリノイ・ベル・テレフォン社でおこないました。

この会社は産業界の規制緩和の煽りを受け、組織の大改革を迫られました。その結果、1年で1万2千人もの従業員が解雇されたのです。会社に残った人たちも、目まぐるしい環境変化に見舞われました。コバサと指導教官のサルバトーレ・マディは、この激変に見舞われた人たちを調べたのです。すると、3分の2の人は予想される通りのストレスの兆候（抑うつ、薬物依存、離婚、心臓発作、脳卒中、がん、自殺）を示していたことがわかりました。ところが残りの3分の1の人は、解雇されたかどうかにかかわらず、意外にも元気なままでした。その人たちが研究者に言ったのは、以前より充足感が増しているということでした。

このことからマディは、人生の中でストレスフルな出来事が起きたとき、その人が経験した出来事の過酷さの程度より、人がそれをどう解釈するかのほうが重要である、という説を提唱しました。

……ハーディネスは人にストレスに直面する勇気を与え、その人の強みに目を向けさせ、その過程で成長させる。

——サルバトーレ・マディ『Hardiness（ハーディネス）』

イリノイ・ベル・テレフォン社の調査は数多くの学術研究を触発し、ハーディネスをもたらす性格特性や、その意義が明らかにされていきました。[*10-b] 今日までに多くの研究で、人々のストレスの捉え方が健康にどう影響するかが、時間をかけて追跡されています。例えばノルウェーでは、武装犯への対応を迫られる状況に置かれた、警官訓練生たちが研究対象になりました。[*10-c] ハーディネスが高い訓練生は、最初のうちはストレスが高まる兆候を示したものの、その後は、ハーディネスが低い訓練生たちより早く落ち着きました。また別のノルウェーの研究では、数百人の看護師を2年にわたって追跡しました。[*10-d] ハーディネスが低い看護師ほど、疲労、不安、抑うつの経験頻度が高い傾向にありました。モロッコでは、イブンシーナ病院の看護師と医師のハーディネス特性のデータが収集されました。[*10-e] その結果、ハーディネスが高い人ほど、高血圧などのストレス関連疾患の発生率が低いことがわかりました。

ハーディネスの高い人もストレスを経験していますが、うまく対処できるのです。ハーディネスに関する学術文献では、そうした人を定義する三つの特徴が挙げられています。人生の目的意識を強く持っていること、困難を成長する機会と捉えて対応すること、そして、自分の運命は自分でコントロールできる（だから自分は世界に影響を与えられる）と信じていることです。

スティーヴン・スタインとポール・バートンは近著『Hardiness（ハーディネス）』の中で、「本当にハーディネスの高い人は、受け身で控え目に振る舞う比較的安全な道より、世界とつながり積極的に関与していく道を常に選ぶ」と書いています。

ハーディネスの高い人は、トラウマ化しそうなほど劣悪な職場環境に置かれると、病気や死を茶化すような悪い冗談を言いがちです。[*10-f] そうすることで、忌まわしい経験をくぐり抜ける仲間たちとの絆が生まれ、「私はこれに対処できる」というストイックなマインドセットが示せるのです。ロサンゼルスの消防隊員の中でも、そういう人たちは生死に関わるようなことを冗談にしています。[*10-g] 同様のことはイラクやアフガニスタンから帰還した傷病兵にも認められていますし、戦争映画でもお決まりです。

私のインタビューでは、何人かのＩＣＵ看護師がそんな話をしてくれました。ある人は、自分が受け持つ病棟を戦闘ゾーンと呼んでから、こう言いました。「ブラックユーモアがすごく助けになるんです――私たち、かなり毒づいているのですが（やましそうな表情でクスクス笑う）、それでなんとかやっていけるんです……そうでもしないと、家に帰ってからおかしくなっちゃいますから（笑）」。こんなふうに私に白状する彼女の声には、恥ずかしげな調子がありました。

ですが、悪い冗談は心理学的にも有効な対処メカニズムになり得ます。あなたも使ってみますか？何も恥じることはありません。

◆もっと強くなれる？

ハーディネスは、人が生まれつき持っているものでしょうか？　それとも、あとから身につくのでしょうか？　もし身につけられるなら、どうやって修得するのでしょう？

不合理な信念を初めて紹介した第4章で、私はアリア・クラムの研究のことにも触れました（119頁）。クラムの研究グループは、マインドセットをストレスとの関係からも研究し、当時の大勢だった「ストレスは人にとって良くない」という見方に吟味を加えました。その結果として、クラムたちはストレスの良いところを強調しました。ストレスは認知能力、自主性、情緒的な安定性の向上と関連すること、生理機能の活性化、免疫増強、治癒の迅速化などの身体反応を促進する可能性もあることなどが示されています。[*10-h]

人がストレスにどのように影響されるかは、大部分が、その人の考え方——マインドセット——によって決まるのです。バルセロナ大学の研究者は、スペインのカタロニア地方で、橋からバンジージャンプで飛び降りようとする人を調べるという、興味深い実験をおこないました。[*10-i]これを研究した理由は、ストレスフルな状況が集中力と記憶力を損なうことが以前に明らかにされていたためです。ただし、それはすべて、ストレスがネガティブなこととして認識される状況でした。

バンジージャンプは、ストレスフルなアクティビティに参加する人のあらゆるストレス兆候（心拍数など）を観察する絶好の機会ではありますが、一つだけ違うのは、参加者がそれを楽しんでもいるということです。研究の結果、ジャンプして興奮状態になると、記憶タスク（数字のリストを思い出す）の能力が実際に向上することがわかりました。

クラムたちは、さまざまな状況でストレス関連のマインドセットを研究しました。きわめて困難な環境で働くことで知られるアメリカの海軍特殊部隊（Navy SEALs）の過酷な入隊訓練「ヘル・ウィーク」についても調査しました。[*10-j] その期間中、志願者たちはほとんどノンストップでタスクをこなしていき、睡眠は一晩に45分しか許されません。ヘル・ウィークを乗りこえるのは、志願者のわずか2割と言われています。クラムたちは、「ストレスは人を強くする」というマインドセットを持つ志願者のほうが、達成確率が高いことを明らかにしました。

また、人はこのマインドセットを育むことができることも、研究からわかってきています。マインドセット介入[*10-k]をおこなって大学生たちのストレスの捉え方を変化させると、試験の成績が良くなりました。さらにこの学生たちは介入の結果として、大学生活1年目の間ずっと、社会的孤立にうまく対処できるようにもなったのです。

職場での研究としては、２００８年の経済危機の際に、金融機関ＵＢＳの従業員の一群をクラムが調べています。[*10-l] ＵＢＳは、イリノイ・ベル・テレフォン社と同じく、多数の従業員を削減していました。クラムは、この環境で働く従業員たちを三つの群に分け、ストレスマネージメントの訓練に参加するよう促しました。

第一群には、「ストレスは人を弱らせる」というマインドセット介入をおこないました。これは3分間のビデオ教材数本を続けて見せたり、オンラインの訓練セッションを受けさせたりして、ストレスが六つの主な死亡原因と関係があることなどを教え込むものです。第二群には、「ストレスは人を強くする」というマインドセット介入をおこないました。この従業員たちには、ストレスがあなたの能力を向上させる、ストレスの利用の仕方を身につけよう、ストレスの楽しみ方を学ぼう、などのメッセージを与えました。第三群には何の訓練もおこないませんでした。

その結果、第二群の「ストレスは人を強くする」と信じるように訓練された人たちは、筋緊張や不眠、頭痛、高血圧の頻度が低いことがわかりました。この群はほかの二つの群と比べて、作業効率も向上していました。

「健全な援助者のマインドセット」との関係ですでに述べたように、このような種類の介入は定着しやすい傾向にあります。効果が少しずつ増す可能性さえあります。「ストレスは人を強くする」というマインドセットを持つ学生たちは、それ以上の介入を一切しなくても、大学2年時の試験で実際に良い成績をとりました。これは勇気付けられる結果です。新しいマインドセットによって良い効果が認められたら、それ自体が新たな信念を強化する可能性があります。追加する必要はないのです。

マインドセット介入は、ストレスの有害な影響を取り除くわけではありません。ホルモンなどの生理学的指標を測定すると、介入によって必ずしもストレスのレベルが下がるわけではないことがわかります。**マインドセット介入はダメージを少なくするのです。**一番良い介入は、「ストレスは人に良いもの」というメッセージをただ押し付けるのではなく、論点のエビデンスを両面から説明した上で、ストレスが有用な場合もあるというマインドセットを選んでもらうことです。

ストレスはあなたを強くする

「ストレスは人を強くする」というマインドセットを取り入れるために、まず、ストレスフルな状況への対応の仕方は自分で選べる、ということに気づきましょう。以下の言葉を使って、この新しい思考法を肯定しましょう。

・私はこれまでストレスに対処してきた。それで私は強くなった。
・ストレスフルな状況のおかげで、私はピークパフォーマンスの準備ができる。
・心臓がどきどきし、口が乾き、落ち着かない気持ちになる——それはすべて、私が最高のパフォーマンスをするためにシフトアップしているしるし。
・チャレンジはわくわくする。最高の私を発揮させてくれる。
・何が起きようと私は対処できる。

これらは科学的エビデンスに基づく言葉です。すべてあなたにとっての真実です。マインドレスに繰り返して脳に叩き込もうとするのではなく、これらを信じることが大切です。

より強い筋肉は、筋線維の破壊と再生で作られます。ワクチンは体に反撃させて免疫を獲得します。マインドセットにおいても、このように体にかけたストレスを利用することができます。過去に困難な時期を克服できたことが自分でわかっていると、いつかまた難題に直面したときの支えになるのです。

スポットライト10・2

ストレスの経験から自分の強さを知る

過去に乗り越えてきたストレスフルな状況を思い出してください。その状況を切り抜ける力が、どこからきたのかに焦点を当てましょう。どんな態度が役に立ちましたか？　あなたの個性のどういう側面が支えになりましたか？　対処する力になったのはどういう行動でしたか？

困難な状況から、あなたのレジリエンスが高まるに至ったすべての過程に注目しましょう。その経験を利用して、自分に思い出させてください。

今あなたがどんなことに直面していようとも、あなたはやり抜くことができる。今回のことも乗り越えられる。あなたは今より強くなる、ということを。

でもトラウマはどうすれば？

もし、あなたがトラウマを受けた人を目の当たりにしながら働いているなら、「ストレスを味方につける」という話は、まるで非現実的に感じられるかもしれません。そうした困難な状況を否定することなど誰にもできません。ですが、希望はあります。人類はいかなる最悪のときも生き抜いてきたという実例が、数多くの記録に残されています。

ベス・ハドノール・スタムは南アフリカで、暴力の被害者を支援する心理療法プログラムのコンサルタントとして働いていました。彼女がそのプログラムを実践する心理療法士たちを観察したところ、多くの人が、「しばしば喜びを持って」仕事に邁進していることに気づきました。このことから彼女は、「共感満足」[*10-m]という概念を考案しました。これはチャールズ・フィグリーが推進して定義づけをした理論の拡大版です。スタムは共感満足のことを、「自分が生きている世界を、自分の思う、あるべき姿の反映にするために、できるだけのことをして幸福を感じること」と説明しています。これを聞くと、あの思いやりの幸福論的判断の要素が思い出されます。

スタムはまた、トラウマを受けた患者とともに働くケア労働者にとって、ハーディネスが重要な役割を担うことも提唱しました。ケア労働者の共感疲労のリスクが高まるのは、自分の力が及ばず患者のトラウマに対処できなかったと感じたときです。ですが、人間には傷つきから成長できる力があります。トラウマティックな出来事に直面する前より強くなり、人生の目標を新たにして前に進みます。この現象は「心的外傷後成長（Posttraumatic Growth: PTG）」*10-n と呼ばれています。つまり、あなたが共感疲労に苛まれそうなときも、ストレス＝害と信じ込む必要はないのです。

不健全な援助者をテーマにした第3章では、共感疲労のせいで効果的なケアができなくなる人に二つのタイプがあることを説明しました。タフになって共感性を失う人と、苦難の負担を引き受け、自分を見失う人です。答えはこの中間のあり方、つまり援助者が思いやりを持って行動しながら、自分自身を守ることもできるバランスを見出すことにあります。もしあなたか、あなたの知っている誰かが共感疲労に陥っていないかが気になるなら、ソーシャルワーカーのローラ・ファン・デルヌート・リプスキーが書いた『Trauma Stewardship（トラウマ世話係）』を読んでみると良いでしょう。この本には、人が共感疲労を経験しているかどうかを検証できる16通りの兆候が描写されています。

もう一つの貴重なリソースとして、ウィリアム・スティールが提供している多彩なワークシート、セルフアセスメント、チェックリスト、それにエクササイズがあります。スティールは小児の自殺分野で仕事を始めたのち、共感疲労の低減に関する領域で、世界的な第一人者の一人になりました。彼は何千人ものトレーニングにあたっています。そのメソッドはオクラホマ州の爆弾テロや9・11の事件、ハリケーン・カトリーナなどの大災害の際にも採用されました。

これらは、SHSに陥っている援助者を守るためのメソッドとして、私が本書で取り上げてきたもの（マインドフルネス、意味を見出すこと、セルフ・コンパッション、自分のニーズを満たすこと、ユーモア、ハーディネス……）と多くの点で共通しています。

限度の線引き

さて、私たちは、健全な援助者でいるための装備の中で、おそらく一番パワフルなものにたどり着きました。それは、どこまで援助するかの限度を決めることです。ＳＨＳの背景にある不合理な信念は、どれもこの線引きをあいまいにします。とくに、援助を求められたときに「ノー」と言うことを難しくさせます。

限度の線引きができないことが、ＳＨＳの悪影響のすべてにつながっています。その逆に、私が提案した「新しい信念」は、うまく線引きするための土台になるように考えられています。

「私の自尊心は、人を助けることに依存しない」
「私は自分にどこまで援助する余裕があるかを理解し、大切にする」
「私は自分にどこまで援助する責任があるかを理解し、大切にする」
「私は当然のこととして、自分のニーズに対処する」

これらの新しい信念は、あなたに「ノー」と言える可能性をもたらします。あなたが、どういうときに、どこまで援助するかの限度を決めたら、それを大切にして、自分の余裕や責任の範囲を超えないようにすること、そしてもし自分のニーズに対処できなくなりそうなら援助しないこと――これらのことに勇気を持って踏み出せるようにしてくれます。

さあ、限度を決めましょう。

◆限度を決める——誰を、どのように、いつ

いきなり限度を決めましょうと言われても、何をどうすれば限度を設定できるのかまったく見当がつかないでしょう。まずはスポットライト3・1か6・1を見直すか、またはあなたが今、援助している人を全員リストアップしてみることです。

自分が誰を助けようとしているかを考えてみてください。今現在、援助しているすべての人について、自分に正直にならなければなりません。その中にあなたを消耗させるだけの人はいますか？　あなたをいいように利用する人はいますか？　あなたに不必要に頼ってくる人はいませんか？　ただ助けられているだけの偽の友人を、何人か捨て去る必要すらあるかもしれません。そういう人はスポットライト9・6のフレンドメーターで特定済みでしょう。

あなたの周りには、あなたが自分のニーズに対処しようとするのをじゃまする人もいるかもしれません。その人たちとも、さよならする必要があるでしょう。私はある時点で、自分を守るために、父とのつながりを断つことを意識的に決めました。それは苦しいことでしたが、限度を決めるのは容易なことではないのです（父は気にしていないようですが！）。

自分がどのように人を助けようとしているかを考えてみてください。有償の仕事の一部として援助することは、もうやめる決心をしてもいいかもしれません。特定の人に、リソースによる援助ではな

くサポートによる援助だけを提供したり、その逆にしたりするのもいいでしょう。**自分がいつ人を助けようとするかを考えてみてください。**ある人のために割く時間を制限してもいいかもしれません。母親の話を聞くのは日曜日のランチで会うときだけにして、あなたの勤務時間中は、彼女からの電話に時間を費やさないことにするのです。自分のための時間は毎週確保しておくのがいいでしょう。

スポットライト10・3

援助の限度を自分で決める

次の質問に答えてください。

- 誰を援助することにしますか？
- どのように援助することにしますか？
- いつ援助することにしますか？

援助の限度と同様に、もし自分のニーズに対処するチャンスを少しでも作ろうと思うなら、ライフスタイルにまつわる限度を明確にしなければなりません。スポットライト10・4をやってみましょう。

スポットライト10・4

ライフスタイルの限度を自分で決める

次の11項目の中から、まず対処したいと思う分野を三つ選びましょう（この11項目は第3章、第9章で見てきたものです）。とりあえず現状維持で大丈夫な分野を特定して消去法で決めても構いません。そして、対処を決めた分野について、限度を設定しましょう。きっかけになるように、各分野に記入例も示しています。

健康（食事、健康診断、飲酒、喫煙、セルフメディケーション）

［意識して決める限度］例：アルコールを飲むのは週末だけにする

運動（ウォーキング、ジムでのエクササイズ、各種スポーツ、ダンス）

［意識して決める限度］ 例：火曜日の夜はヨガのクラスのために空けておく

心理（休息、リラクゼーション、瞑想、対話、コーチング、カウンセリング）

［意識して決める限度］ 例：有給休暇を取っているときは仕事のメールを見ない

家（住まいを安全かつ快適で整理整頓された状態にして維持すること）

［意識して決める限度］ 例：いらいらするだけなので、バスルームの床から濡れたタオルを拾うのをやめる

近しい関係（あなたを愛し尊重してくれる人たち（パートナー、家族）との健全な関係を保つこと）

［意識して決める限度］例：二人の関係見直しをキャンセルせずに続けるようにする

キャリア（勤務時間、仕事のストレス度、仕事の満足感、キャリア形成）

［意識して決める限度］例：残業するのは週に○回まで

お金（収入、借金、支出）

［意識して決める限度］例：○○さんにお金を貸すのをやめる

「　」

楽しみ（趣味、休日、わくわくする体験）

［意識して決める限度］例：年に1回は、1週間の有給休暇をとる

「　」

コミュニティ（友人、親密な集まり、安全な場、あなたを疲れさせるのではなくサポートしてくれる人たちと時間を過ごすこと）

［意識して決める限度］例：○○さんと過ごす時間を制限する

向上心（人としての成長、より良い自分を目指して努力すること）

〔意識して決める限度〕例：向こう5年のライフプランをたてる

「　」

魂（人生に意味を見出すこと、精神的な満足、信仰）

〔意識して決める限度〕例：週に1回、瞑想のための時間を空けておく

「　」

「　」

限度を守る——心のゾーブ

意識的に決めた限度を守る一つの方法は、前もってそれを周りの人に話しておくことです。ですが、往々にして人は、そういうことをじっくり考えたり、この本でしたように書き出してみたりはしないものです。人は無意識の限度も持っています。相手が一線を越えたときにだけ、心の中で警報装置が作動して鳴り出したりするようなものです。そのとき、人は困惑や危険にさらされたような感じ、あるいは不当だという感覚を味わいます。自分に対する相手の言動に嫌気がさしたり、傷つけられたと感じたりします。そうなったときは、それが意識的な限度か無意識的な限度かにかかわらず、行動することが何より大事です。それにはアサーティブネス（相手を尊重した上での自己主張）が必要です。

ご存知のように、援助者は自分のニーズをめったに気にかけないばかりか、自分の権利を守ろうともしません。ですから、アサーティブな態度をとることは選択肢に入っていません。それをするとアグレッシブ（攻撃的）になってしまうのではと、心配する人がいるくらいです。アサーティブとアグレッシブの違いは混乱しがちですから、シンプルな表にしてみました。

アサーティブな態度とは、自分の権利は自分で守りながら、ほかの人の権利を踏みにじったりしないことです。中には服従や回避の行動を習慣的にしてしまう人もいますが、そういう人がアグレッシブになる可能性はきわめて低いでしょう。ＳＨＳに陥っている人は習慣的に他者の権利は守りながら、

		自分の権利	
		守る	守らない
相手の権利	守る	アサーティブ	服従
	守らない	アグレッシブ	回避

自分の権利はないがしろにしがちです（表では、服従に該当します）。そういう人が急にアグレッシブになる——自分の権利は守りながら、他者の権利はないがしろにする——というのは、起こり得ない180度の方向転換のようなものです。

そういうことを恐れるのは、また別の不合理です。フルムーン恐怖症の再登場です。自分がアグレッシブになるのではないかと心配している、その事実こそが、そういうことが起こり得ないことを示しています。

あなたがアサーティブな態度をとると、周囲の人は驚くかもしれませんが、無礼だとか攻撃的だと思うことは、まずないでしょう。もし時おり、ほかの人にきっぱり何かを言ってしまうことがあったとしても、それであなたがアグレッシブな人だということにはなりません。それは援助者の憤りが積もり積もったしるしかもしれません。いずれにせよ、そのことで自分にレッテルを貼ったり自己批判したりするのではなく、自分を許し、アサーティブな態度を身につける努力を続けましょう。

チャーリーは小学校に通う双子の娘の母親です。仕事をしながら家族のそばにいられるように、在宅で働いています。最近になって、同じクラスの女の子の母親の一人が、（預け先だった）義理の母親を亡くしたということで、チャーリーに、放課後、子どもを預かっていてくれないかと頼んできました。チャーリーは、新たな預け先の手配ができるまで、毎日長くて2時間まで、その子の面倒をみることに同意しました。1週間ほど経つと、相手の女性は、チャーリーに何の連絡もなく帰宅途中に買い物に寄って時間に遅れるなど、不真面目な態度をとるようになりました。チャーリーは自分の娘たちとの放課後の時間が持てなくなり、不満がたまりました。夕食後の片付けが終わるまで、とにかく忙しくなりました。ですが、相手の女性には預け先を探している様子は一向に見られませんでした。チャーリーが共通の友人の一人にそのことを話したところ、彼女が相手の女性にそのことをしゃべってしまい、それから彼女はチャーリーとまったく口をきかなくなってしまったそうです。チャーリーは言います。「私はただ援助しようとしただけなのに、本当につまらないことになったのです」

チャーリーの経験は援助せずにいられない人の特徴であると同時に、限度が守られなかった実例でもあります。そこにはまさにＳＨＳの重大な四つの悪影響がすべてしっかり表れています。チャーリーは疲弊を口にしました。共通の友人に憤りをあらわにしたのは、人を助けがちな自分の性格が搾取されたためでした。そして私とのインタビューの間、チャーリーは自己批判的になって自分を責めていました。先ほどの表を振り返ると、チャーリーの行動は回避です。決められた限度を踏み越えた相手には何も言わず、共通の友人に話したのですから。このエピソードにおいて、チャーリーがどんな行動をとることができたか、先ほどの表の４パターンで見てみましょう。

・回避：その状況を継続させたまま、何も言わないか、別の誰かにだけ話す。
・服従：相手の女性に、新たな預け先は見つかったかと尋ね、もし見つかっていないと言った場合は、引き続き彼女の娘の面倒をみることに同意する。

・アグレッシブ：相手の女性に、「あなたの娘の面倒はこれ以上みられない」と言う。

・アサーティブ：相手の女性に特定の日付を告げ、その日であなたの娘の面倒みるのをやめると言う。相手がそれを理解したことを確かめる。その日の直前に再確認する。それからその子の面倒をみるのをやめる。相手の女性が新たな預け先を探すのに関わらない。

自分の限度を守りながらアサーティブな態度でいることを身につけるには、時間と練習が必要です。それに勇気も。あなたはまず自分のニーズに対処することに慣れるようにしなければなりません。自信をつけ、自分には権利があるという信念を築き上げる必要があります。行動が内心の感情と一致していなければなりません。そうでなければ、自己主張をしようとしても、相手の人から最初の反撃を受けたところで崩れ落ちるでしょう。あなたは本心から自分を信じてはいないのだと、相手に言わせてしまいます。こうした理由から、最初から手強い相手と直接対決するのではなく、近しい家族や友人のいる安全な環境で練習してからのほうがいいでしょう。

ここで思考実験です。最近パートナーと別れた幼なじみから、少しの間だけあなたの家に泊めてもらえるかと電話がきました。あなたはどうやって「ノー」と言いますか？

もしあなたが援助せずにいられないタイプなら、おそらく「ノー」と言うことは、最初に思い浮かんだ選択肢ではないでしょう。あなたは反射的に「イエス」と答え、急いで予備のベッドに洗いたてのシーツを敷いたでしょう。ですが、自分の限度を主張することを思い出してください。どのように「ノー」を言えるでしょう？

やはり、あなたが援助せずにいられないタイプなら、あなたは頭の中で、自分に言えそうな言い訳を並べはじめるでしょう。「助けてあげたいのはやまやまなんだけど、今すぐは都合が悪くて」「タイミングが悪いことに、ちょうど予備の寝室の模様替えをしていて」「お義母さんがちょうど明日来るの」。もちろん、あなたが断るつもりなら、そうするだけの自分なりの理由があることでしょう。ですが、**必ずしも自分の都合を話さなくてもいいのです。**

私が興味深く思うのは、あなたはこの話の背景情報（あなたと幼なじみの関係はどういう状態なのか、なぜパートナーと別れたのか、人を泊めることはあなたにとって現実的なのかどうか）を何も知らないのに、助けてあげる義務があるように感じているところです。状況が何もわからなくても、あなたは「ノー」と言うことに落ち着かなさを感じます。もし私が、幼なじみは以前、あなたのパートナーと関係があった人だと言ったらどうでしょう？　そうすれば「ノー」と言いやすくなるでしょうか？　SHSに陥っている人なら、それでも助けたい気持ちにかられるでしょう。

このケースでどのように「ノー」を言えるかに戻りましょう。アサーティブな返しはこんな感じでしょうか。

・代案を示す：「マリーに聞いてみて。彼女の家は予備の寝室が三つあるから」
・時間を稼ぐ：「パートナーに相談してから、また連絡する」
・謝らない：「我が家は今、都合が悪いの」

あなたには「ノー」と言う権利があります。人間関係のパワーバランスによっては、「ノー」と言うだけのことがすごく難しいことがあるのもわかりますが、それでも権利はあるのです。

スポットライト10・5

限度のロールモデル

ロールモデルを持つことは、新しい行動を取り入れるときにとても有用です。人は子どもの頃に何かを学んで身につけるときも、そういうやり方をします。

あなたがリスペクトできる、自分の限度をはっきりさせ、うまく守っている人を見つけましょう。そういうことを見事に、アサーティブなやり方で実行している人です。その人がいつ、どのようにその行動をしているか、どんな結果を出しているかを観察しましょう。その人の言葉の使い方や、言語以外のコミュニケーションなどのテクニックを、どう使っているかを書き留めましょう。

近しい人であるなら、限度を守ることをどのようにして身につけたかを、直接尋ねてみてもいいでしょう。

「ノー」と言うだけ

これは簡単で、すぐに終わるエクササイズです。

今度援助を求められることがあったら、5回続けて「ノー」と断ってください。

理由を言う必要はありません。「ちょっと難しくて」などと、何か事情があることを匂わせる必要もありません。

シンプルに、「ノー（私はそれをしたくない）」とだけ言いましょう。

スポットライト10・6にギョッとしていますか？　それで大丈夫です。本気で書いているわけではありません。ちょっとした実験です。興味があるのは、あなたがどう感じたかということです。「ノー」と言うことを考えただけで不安な気持ちが呼び覚まされたでしょうか？　もしそうなら、それは、あなたの限度が守られなかったときの困惑と同じ感覚だったでしょうか？　皮肉なことですが、そこには、「私はノーと言うべきではない」という限度があるようです。あなたにスポットライト10・6を読んでもらうことで、私がその限度を破ったのです。

あなたの限度の一つが「ノーと言うべきではない」であるなら、それはあなたがいかに無意識のうちに、自分にとって不健全な限度を持っているかの表れです。あのスポットライトは、あなたにアグレッシブであれとか無作法であれなどと求めるものではありません。ノーと言うことは、あなたの当然の権利です。自分に正直でいること、そして自分の限度が守られなかったときはその事実をはっきり言うことを忘れないでください。勇気を持って自分を擁護しましょう。限度を守るには、警戒を怠らず、しっかりしていることが大事です。

限度はあなたをSHSに陥らせないようにするための「心のゾーブ」です。ゾーブをご存知でしょうか。大きな中空、透明なボール（ゾーブ）の中に入って丘を転げ落ちる、ゾービングという人気のアトラクションがあります。私はやってみましたが、とても楽しかったです。

ここで、私がクライアントにやってもらっている思考実験をもう一つご紹介しましょう。自分がゾーブに入っているところを想像してください。安全で心地よい気持ちです。そこにいても普段と同じように周りの世界とのやりとりはできます。ただ、あなたの反応は少しゆっくりになります。外にいる人たちは、あなたに向かって自分の感情を投げつけてきますが、それは濡れたティッシュペーパーのようなものとでも思ってください。あなたはゾーブの中にいるのでティッシュが自分に当たる心配はなく、その人たちを落ち着いて観察することができます。

ゾーブの中にいると、ほかの人の状況に即座に対応したり、すぐにでも助けてあげたいという気持ちに本能的に従ったりすることはできません。あなたはこの「心のゾーブ」を使って、あなたを困った状況に引き摺り込もうとする人から自分を守ることができます。それがあることで、対応を選ぶまでの時間稼ぎができるのです。他人の感情を引き受ける必要はありません。投げつけられた濡れたティッシュがゾーブの外側を滑り落ちていくのを眺めていればいいのです。

第11章

私の来た道、進む道

母は私に、人を助ける人間になれと言いました。そう言いながら、母は自分（母自身）の世話をするように私を仕向けたのです。私が臨床心理士になりたいと考えたのも当然と言えるかもしれません。私は、大学を卒業してからも、母の住み込み介護者のようでした。

あるとき、臨床研修先の指導教官が、オックスフォードにある診療所で高齢者と接する仕事があると教えてくれました。ようやく私は、母の家から出ていけることになりました。受け持ちは月水金が認知症、火木がパーソナリティ障害の患者さんでした。懸命に取り組みましたが、その人たちにしてあげられることの少なさに失望しました。患者さんたちは例外なく衰えて亡くなります。気がつけば、受け持った方々の夢を見るようになっていました。私はストレス解消のためにランニングを始めました。体重はかなり落ちましたが、その分ストレスが軽くなったわけではありませんでした。

オックスフォードの診療所のあとは、ロンドンで一番洗練された地区の一つ、ハムステッドビレッジの総合外科診療所で働きました。私はそこでユニバーシティ・カレッジ・ロンドン（University College London: UCL）のプロジェクトの一環として、不安症の患者さんとの対面セッションをおこなうことになっていました。これは私のような人を使って、有資格の職員の業務負担を軽くしようという発想でした。ですが、ハムステッドに20歳そこらの研修生と面談したいと思う人などいませんでした。私はＵＣＬに戻り、博士号を持つポスドク学生の研究を手伝うことになりました。

臨床心理士になる夢は、まだひどく遠いものでした。研修を重ねるほど、自分が臨床心理士としてやっていける人物でないことが突きつけられていきました。私は常にほかの人の感情を気にし、共感がひっきりなしに暴走していました。それは、患者さんやその家族の人たちと強い結びつきを作れるという面もありますが、自分の共感回路のスイッチを切ることができない状態は、自分自身が本当に消耗するのです。自分が十分にやっていると感じたことは一度もありませんでした。

臨床心理士の資格はどうしても取れませんでしたが、ある日のこと、まるで運命のように、大学職員用のキッチンで一人の教授と出くわしました。彼女は、「受け持ちのポスドク学生からあなたの名前を聞いていたから、アストンビジネススクールの職業心理学の修士課程に推薦しておいた」と言いました。こうして私はチャータード・サイコロジスト（英国心理学会公認の心理資格の総称）になり、「変節だらけ」の転職の日々から立ち直りました。産業保健関連の心理職コンサルタントとして、ビジネスの世界に熱意を持って飛び込み、さまざまな企業と仕事をするようになったのです。それまでの人生の中で、一番自信に満ちた日々が始まりました。

しかし、私は再び自分自身を消耗させる日々に戻ってしまいました。きっかけは、母の死です。母が転倒して硬膜下血腫を発症したという知らせがきたのは、旅行先のインドネシアから帰国しようと出発ゲートで座っていたときでした。

母は昏迷状態でした。母の元に到着してからは、インドネシアで持ち歩いていた日記帳が医療用語で埋め尽くされました。仕事はキャンセルし、母の家に行って、取り憑かれたように母のシーツを洗ったりキッチンのタイルをこすったりしました。できる限りの時間を病院で過ごし、わからないことを聞いたりメモを取ったりしていました。私はまた、（母を世話する）いい子になったのです。

母は、私が何日ベッドのそばに座っていたかを知ることもないまま亡くなりました。それで私はどうなったか？　母なしでは空っぽでした。

あの日、息絶えたのは母だけではありませんでした。私は再び這い上がるために、心理療法を受けはじめました。心理療法士の女性は、何をすべきかをよくわかっている人でした。「母親の問題は、あなたが解決すべきことではない」と教えてくれました。そして、18カ月かけて、私を内なる子どもと引き会わせてくれました。母とのつながりを断ち切るためのコードカッティングのセッションでは、掃除機のホースのような太いチューブがお腹と胸に吸いついていて、切り裂いても、また触手のように生えてきては再びつながるかのようでした。時間のかかる厄介な作業でした。

その後の数年間、私はマインドフルネスを生活の中で実践するようになりました。セルフ・コンパッションのいくつかのコースに通い、自分の内なる批評家に向かって多くの作業をしました。自分をたくさん許し、自分の思考を吟味し、いくつかの不合理な信念を手放しました。限度を決めることを学び、自分の仕事の対価を請求するのに申し訳なさを感じないようになりました。

やがて私は、これらを自分のクライアントに応用するようになりました。「あなたの内なる批評家を手なずけよう」というオンラインプログラムを企画すると、驚いたことに、興味を持ってくれたのは個人のクライアントだけではありませんでした。いくつもの企業から、内なる批評家や自己破壊的な行動のこと、インポスター症候群のこと、さらには援助の技法についてまで、従業員に話してほしいと求められたのです。こうしてこの本の執筆にたどり着きました。


山あり谷あり。それが生きていることの本質です。挫折もあるでしょう。私はいまだに援助せずにいられなくなることがあります。パートナーと死別した近所の人を見かけ、駐車場をいくつも通り過ぎてしまったあの事例――白状します。あれは私です。

いろいろなことを一度に始めようとしないことです。小さな小さな一歩を、少しずつ踏み出しましょう。この本に載っているスポットライトかアドバイスの断片を、一つか二つ、まず取り入れてみましょう。そのほかのことは準備ができたときに、また試すことができますから。

試していく中で、「またか……」とか「どうして今、大丈夫って言っちゃったんだろう。本当に時間がないのに」と思うことがあるでしょう。そういうときこそ、あなたが起こそうとしている変化を再確認するチャンスです。内なる批評家のおしゃべりは、いなしましょう（スポットライト4・3の出番です）。これは、自分自身でしかできないことです。やっぱり無理だと伝えたとして、それであなたの能力が低くなるわけではありません。魅力が薄れるわけでもありません。あなたはそのとき、ほかの人はいつもやっていること（自分のニーズに対処すること）をしているだけなのです。

最後におまけのスポットライトです。これは、私の「隠れ家」に集まったクライアントの方々に、いつも最後にしてもらうアクティビティでもあります。

スポットライト11・1

未来の自分に手紙を書く

自分好みのポストカードに、未来の自分に向けたメッセージを、心をこめて書きましょう。書き終えたカードを封筒に入れ、自分の宛先を書いたら、信頼できる誰か（家族や友達に）預かってもらい、指定した日（3カ月後、またはその人の誕生日にすることが多いです）に本人に届くように投函してもらいます。

未来の自分に、「もし自己批判に陥ることがあっても、あなたを許します」と伝えたり、「挫折したって、あなたなら克服できる」と言葉をかけたりしてください。この本を読んで心に残ったフレーズや、いつかまたやってみようと思うスポットライトを伝えたり、自分のニーズに対処しているか問いかけたり、進歩したことを祝う言葉を綴ったりしてもいいでしょう。

あなたから愛を込めて――。

自分に対する意識と洞察を、これまで以上に高いレベルに引き上げる機会は、いつでもあります。健全な援助者でありつづければ、あなたはエネルギーに満たされます。そうであってこそ、あなたは最高の仕事ができるのです。

人を助けるあなたのような人を、世界はもっと必要としています。

psychosocial factors and shift work tolerance among nurses – a 2-year follow-up study', Journal of Advanced Nursing 72(8) (2016), pp. 1800–12.

*10-e H. Chtibi, A. Ahami, F.Z. Azzaoui, A. Khadmaoui, K. Mammad and F. Elmassioui, 'Study of Psychological Resilience Among Health Care Professionals in Ibn Sina Hospital, Rabat, Morocco', Open Journal of Medical Psychology 7(3) (2018), pp. 47–57.

*10-f 次の論文では、さまざまな状況での悪い冗談に関する有用なレビューを読むことができます。S. Christopher, 'An Introduction to Black Humour as a Coping Mechanism for Student Paramedics', Journal of Paramedic Practice 7(12) (2015).

*10-g 'One Way that Firefighters Cope with Stress' in S.J. Stein and P.T. Bartone, Hardiness (Wiley, 2020), pp. 182–83.

*10-h R.A. Dienstbier,'Arousal and physiological toughness: Implications for mental and physical health', Psychological Review 96(1) (1989), pp.84–100. E.S. Epel, B.S. McEwen and J.R. Ickovics, 'Embodying psychological thriving: Physical thriving in response to stress', Journal of Social Issues 54(2) (1998), pp. 301–22.

*10-i J. Castellà, J. Boned, J.L. Ulrich and A. Sanz,'Jump and free fall! Memory, attention, and decision-making processes in an extreme sport', Cognition and Emotion 34(2) (2020), pp. 262–72.

*10-j E.N. Smith, M.D. Young and A.J. Crum, 'Stress, Mindsets, and Success in Navy SEALs Special Warfare Training', Frontiers in Psychology 10(2962) (2020), pp. 1–11.

*10-k 次のサイトでスタンフォード・マインド&ボディ・ラボのストレス介入の様子を見ることができます。https://mbl.stanford.edu/interventionstoolkits/rethink-stress-intervention

*10-l A.J. Crum, P. Salovey and S. Achor, 'Evaluating a Mindset Training Program to Unleash the Enhancing Nature of Stress', Academy of Management Proceedings (2011).

*10-m B.H. Stamm, 'Measuring Compassion Satisfaction as Well as Fatigue: Developmental History of the Compassion Satisfaction and Fatigue Test' in C.R. Figley (ed.), Treating Compassion Fatigue (Routledge, 2002).

*10-n E.G. Tedeschi and L.G. Calhoun,'Posttraumatic Growth: Conceptual Foundations and Empirical Evidence', Psychological Enquiry 15(1) (2004), pp. 1–18.

第8章

*8-a インタビューや質問調査の回答から拾った言葉ではありません。ツイッターで仲介者の役割について投稿したときに、ある男性からもらった返信です。多くの人の言うことが集約されていました。

*8-b C. Zahn-Waxler and C. Van Hulle, 'Empathy, Guilt, and Depression: When Caring for Others Becomes Costly to Children' in B. Oakley, A. Knafo, G. Madhavan and B.S. Wilson (eds), Pathological Altruism (Oxford University Press, 2012), p. 321–44.

第9章

*9-a D. Keltner, A. Kogan, P.K. Piff and S.R. Saturn,'The Sociocultural Appraisals, Values, and Emotions (SAVE) Framework of Prosociality: Core Processes from Gene to Meme', Annual Review of Psychology 65 (2014), pp. 425–60.

*9-b G. Domes, M. Heinrichs, J. Glascher, et al., 'Oxytocin Attenuates Amygdala Responses to Emotional Faces Regardless of Valence', Biological Psychiatry 62(10) (2007), pp. 1187–90.

*9-c D. Oman, C.E. Thoresen, C.E. and K. McMahon, 'Volunteerism and Mortality Among the Community-Dwelling Elderly', Journal of Health Psychology 4(3) (1999), pp. 301–16. この論文が S.G. Post (ed.) Altruism and Health (Oxford University Press, 2007). の中で言及されています。

*9-d S.E. Taylor, 'Social Support: A Review' in Howard S. Friedman (ed.), The Oxford Handbook of Health Psychology (Oxford University Press, 2011).

*9-e 幸福については、次のような書籍があります。M. Seligman, Flourish: A New Understanding of Happiness and Well-Being (Nicholas Brealey Publishing, 2011).

*9-f ポジティブ心理学については、さまざまな情報ソースがありますが、次の書籍も参考になるでしょう。Martin Seligman's book Flourish: A New Understanding of Happiness and Well-Being (Nicholas Brealey Publishing, 2011).

第10章

*10-a S.C. Kobasa,'Stressful life events, personality, and health: An inquiry into hardiness', Journal of Personality and Social Psychology 37(1) (1979), pp. 1–11.

*10-b 次の書籍でレビューされています。S.J. Stein and P.T. Bartone, Hardiness (Wiley, 2020).

*10-c A. Sandvik, E. Gjevestad, E. Aabrekk, P. Øhman, P-L Kjendlie, S.W. Hystad, P. Bartone, A. Hansen and B. Johnsen, 'Physical fitness and psychological hardiness as predictors of parasympathetic control in response to stress: A Norwegian police simulator training study', Journal of Police and Criminal Psychology 35 (2019), pp. 504–17.

*10-d I. Saksvik-Lehouillier, B. Bjorvatn, N. Magerøy and S. Pallesen, 'Hardiness,

*4-f World Economic Forum, The Science of How Mindset Transforms the Human Experience, Alia Crum, 21 February 2018 [Video], YouTube (https://www.youtube.com/watch?v=vTDYtwqKBI8).

*4-g A.J. Crum and E.J. Langer, 'Mind-set Matters: Exercise and the Placebo Effect', Psychological Science 18(2) (2007), pp. 165–71.

*4-h A.J. Crum, W.R Corbin, K.D. Brownell and P. Salovey, 'Mind Over Milkshakes', Health Psychology 30(4)(2011), pp. 424–29.

*4-i R.J. Davidson, 'What does the prefrontal cortex "do" in affect: perspectives on frontal EEG asymmetry research', Biological Psychology 67 (2004), pp. 219–33.

第5章

*5-a この3つの「ダ!」は「damyata」「dayadhvam」「datta」という言葉を表し、それぞれ大まかに訳せば、「セルフコントロール」「与える」「思いやり深くあれ」の意味です。

*5-b M. Williams and D. Penman, Mindfulness (Piatkus, 2011).

第6章

*6-a M.H. Davis, C. Luce and S.J. Kraus, 'The Heritability of Characteristics Associated with Dispositional Empathy', Journal of Personality and Social Psychology 62(1994), pp. 369–91.

*6-b D. Keltner, A. Kogan, P.K. Piff and S.R. Saturn, 'The Sociocultural Appraisals, Values, and Emotions (SAVE) Framework of Prosociality: Core Processes from Gene to Meme', Annual Review of Psychology 65 (2014), pp. 425–60.

第7章

*7-a Cares UK のデータより。'Carers Week 2020 Research Report' (https://www.carersuk.org/reports/carers-week-2020-research-report/).

*7-b Dementia Carers Count のデータより。(https://dementiacarers.org.uk/)

*7-c M. McGrath and B. Oakley, 'Codependency and Pathological Altruism' in B. Oakley, A. Knafo, G. Madhavan and B.S. Wilson (eds), Pathological Altruism (Oxford University Press, 2012).

*7-d 個別のパーソナリティ障害についての定義は、次の書籍に詳しいです。A.T. Beck, D.D. Davis and A. Freeman (eds), Cognitive Therapy of Personality Disorders (Guilford Press, 2015). T.A. Widiger (ed.), The Oxford Handbook of Personality Disorders (Oxford University Press, 2012), pp. 505–26.　また、精神分析的な観点については次の書籍が参考になります。N. McWilliams, Psychoanalytic Diagnosis (Guilford Press, 2011).

第 3 章

*3-a Little Princess Trust (https://www.littleprincesses.org.uk/).

*3-b Lucy Williams Photography (https://www.lucywilliamsphotography.co.uk/dads-dementia).

*3-c V.S. Helgeson and H.L. Fritz, 'A Theory of Unmitigated Communion', Personality and Social Psychology Review 2(3) (1998), pp.173–83. V.S. Helgeson, J. Swanson, et al., 'Links between unmitigated communion, interpersonal behaviors and well-being: A daily diary approach', Journal of Research in Personality 57 (2015), pp. 53–60.

*3-d D. Bakan, The Duality of Human Existence (Beacon, 1966).

*3-e この用語はもともと、サイコアナリストのナンシー・マックウィルソンが自分の論文の中で使いはじめたものです。'The Psychology of the Altruist', Psychoanalytic Psychology 1(3) (1984), pp. 193–213.

*3-f https://www.socialworkers.org/About/Ethics/Code-of-Ethics/Code-of-Ethics-English

*3-g ウィリアム・スティールの書籍 Reducing Compassion Fatigue, Secondary Traumatic Stress, and Burnout (Routledge, 2019) の中で述べられいます。

*3-h L. van Dernoot Lipsky, Trauma Stewardship: An Everyday Guide to Caring for Self While Caring for Others (Berrett-Koehler, 2009).

*3-i Charles R. Figley (ed.) in Treating Compassion Fatigue (Routledge, 2002), p. 189 に記述があります。

*3-j https://jessbaker.co.uk/compassionate-leader/

第 4 章

*4-a A. Damasio, The Feeling of What Happens (Vintage, 2000).

*4-b See A. Damasio, Self Comes to Mind: Constructing the Conscious Brain (Vintage, 2012).

*4-c A. Damasio, The Feeling of What Happens (Vintage, 2000).

*4-d C.L. Heavey and R.T. Hurlburt, 'The Phenomena of Inner Experience', Consciousness and Cognition 17(3) (2008), pp. 798–810.

*4-e J.C. Watson and L.S. Greenberg, 'Empathic Resonance: A Neuroscience Perspective' in J. Decety and W. Ickes (eds), The Social Neuroscience of Empathy (MIT Press, 2009), pp. 125–38.

*2-g E. Hatfield, R.L. Rapson and Y-C. L. Le, 'Emotional Contagion and Empathy' in J. Decety and W. Ickes (eds), The Social Neuroscience of Empathy (MIT Press, 2019) に有用なレビューが載っています。

*2-h K. Stueber,'Empathy' in Edward N. Zalta (ed.), The Stanford Encyclopedia of Philosophy (Metaphysics Research Lab, Stanford University, 2019).

*2-i J. Decety and K.J. Michalska, 'How Children Develop Empathy: The Contribution of Developmental Affective Neuroscience' in J. Decety (ed.), Empathy: From Bench to Bedside (MIT Press, 2014), pp. 167–90.

*2-j J. Zaki and K. Ochsner, 'The Cognitive Neuroscience of Sharing and Understanding Others' Emotions' in J. Decety (ed.), Empathy: From Bench to Bedside (MIT Press, 2014), pp. 207–26.

*2-k See Daniel Batson, A Scientific Search for Altruism (Oxford University Press, 2019).

*2-l 説明を加えますと、メラニー・ウェンドランドは情緒的共感も認知的共感と同じように擁護していました。インタビュー内で、彼女はそのことを明確にしています。例えば、研究者は「感情が沸き起こり、感情移入することを許す」べきだと彼女は強調しました。あるいは、「看護師や医師は大いに共感を持っていますが、それをサイドポケットにしまっています。デザイナーとしての私の役割は、この方々が自身の共感を、再び手にするお手伝いをすることです」と言いました。

*2-m アリストテレスの『弁論術』から引用されています。ただし、アリストテレスの原文の「eleos」という単語は、通常、英語では「compassion（思いやり）」ではなく「pity（憐れみ）」と訳されます。アリストテレスは憐れみの定義を次のように書いています。「それでは、憐れみとは、そのはずのない人が破滅につながるような、または苦痛に満ちた不幸に見舞われているのを目にした時に感じられる一種の苦痛で、ただその不幸が、自分自身か身内の誰かもひょっとして見舞われるかも知れないと予想されるようなものであって、それも近い内に見舞われそうに思われる場合に限られる、と定義しておこう」（アリストテレス『弁論術』（戸塚七郎訳）p. 234、岩波書店）

*2-n 「Eudaimonism（幸福論）」は「wellbeing（幸福）」にあたるギリシャ語の意味を、大まかに伝える訳語です。

*2-o 本文で述べているように、SAVE 式にはその多くが取り入れられています。D. Keltner, A. Kogan, P.K. Piff and S.R. Saturn, 'The Sociocultural Appraisals, Values, and Emotions (SAVE) Framework of Prosociality: Core Processes from Gene to Meme', Annual Review of Psychology 65 (2014), pp. 425–60.

*2-p J. Decety, S. Echols and J. Correll, 'The Blame Game: The Effect of Responsibility and Social Stigma on Empathy for Pain', Journal of Cognitive Neuroscience 22(5) (2010), pp. 985–97.

原注

はじめに

i-a　この質問票にご自身で回答してみたい、または研究に使いたいという方のために、最新版を私のサイト https://www.jessbaker.co.uk/shs/ で入手できるようにしています。

序文

*p-a　T.M. Smith, C. Austin, K. Hinde, E.R. Vogel and M. Arora, 'Cyclical nursing patterns in wild orangutans', Science Advances 3(5) (2017). オランウータンについては、ビルーテ・M・F・ガルディカス『オランウータンとともに 失われゆくエデンの園から』に、詳しい情報があります。

*p-b　この件の詳細情報は、ほとんどの社会心理学の教科書に「傍観者効果」として掲載されています。一例として、The Psychology of Prosocial Behaviour, edited by Stefan Stürmer and Mark Snyder.

*p-c　J.M. Darley and D. Batson, '"From Jerusalem To Jericho": A Study of Situational and Dispositional Variables in Helping Behavior', Journal of Personality and Social Psychology 27(1) (1973), pp. 100–8.

第 1 章

*1-a　L.A. Penner, R.J.W. Cline et al., 'Parents' Empathic Responses and Pain and Distress in Pediatric Patients', Basic Applied Social Psychology 30(2) (2008), pp. 102–13.

第 2 章

*2-a　D. Keltner, A. Kogan, P.K. Piff and S.R. Saturn, 'The Sociocultural Appraisals, Values, and Emotions (SAVE) Framework of Prosociality: Core Processes from Gene to Meme', Annual Review of Psychology 65 (2014), pp. 425–60.

*2-b　H. Gintis, S. Bowles, R. Boyd, and E. Fehr, 'Explaining altruistic behaviour in humans' in R. Dunbar and L. Barrett (eds), The Oxford Handbook of Evolutionary Psychology (Oxford University Press, 2007).

*2-c　F. De Waal, 'The Chimpanzee's service economy: Food for grooming', Evolution and Human Behavior 18(6) (1997), pp. 375–86.

*2-d　M.L. Hoffman, 'Empathy, Justice and Social Change' in H. Maibom (ed.), Empathy and Morality (Oxford University Press, 2014), pp. 71–96.

*2-e　K.L. Lewis and S.D. Hodges,'Empathy is Not Always as Personal as You May Think: The Use of Stereotypes in Empathic Accuracy' in J. Decety (ed.) Empathy: From Bench to Bedside (MIT Press, 2014), pp. 73–84.

*2-f　S. Baron-Cohen, Zero Degrees of Empathy (Penguin, 2012).

*2-9　ポール・ブルーム『反共感論』（高橋洋訳）p. 9、白揚社

第 4 章

*4-1　シェイクスピア『ハムレット（シェイクスピア全集 1）』（松岡和子訳）p. 94、筑摩書房
*4-2　アーロン・T・ベック『認知療法』（大野裕訳）p. 35、岩崎学術出版社

第 7 章

*7-1　メロディ・ビーティ『共依存症 いつも他人に振りまわされる人たち』（村山久美子訳）p. 119、講談社
*7-2　メロディ・ビーティ『共依存症 いつも他人に振りまわされる人たち』（村山久美子訳）pp. 24-25、講談社
*7-3　ウイリアム・グラッサー『グラッサー博士の選択理論』（柿谷正期訳）p. 554、アチーブメント出版

第 8 章

*8-1　ディケンズ『荒涼館（一）』（佐々木徹訳）p. 52、岩波書店
*8-2　ディケンズ『荒涼館（一）』（佐々木徹訳）p. 52、岩波書店
*8-3　ディケンズ『荒涼館（一）』（佐々木徹訳）p. 53、岩波書店

第 9 章

*9-1　ケリー・マクゴニガル『スタンフォードのストレスを力に変える教科書』（神崎朗子訳）p. 231、大和書房
*9-2　フリードリヒ・ニーチェ『ツァラトゥストラはこう言った』（森一郎訳）p. 145、講談社
*9-3　サミュエル・ベケット『いざ最悪の方へ』（長島確訳）p. 12、書肆山田

引用一覧

はじめに

*i-1　キャロライン・クリアド=ペレス『存在しない女たち』（神崎朗子訳）p. 282、河出書房新社
*i-2　ケイト・マン『ひれふせ、女たち』（小川芳範訳）p. 12、慶應義塾大学出版会
*i-3　ケイト・マン『ひれふせ、女たち』（小川芳範訳）p. 121、慶應義塾大学出版会

序文

*p-1　トマス・ホッブズ『リヴァイアサン　上』（加藤節訳）pp. 205-206、筑摩書房
*p-2　関谷喜三郎「マンデヴィルの経済思想と「ブンブンうなる蜂の巣」」、『商学集志』第 92 巻 第 3 号、日本大学商学部
*p-3　フリードリヒ・ニーチェ『ツァラトゥストラはこう言った』（森一郎訳）p. 145、講談社
*p-4　リチャード・ドーキンス『利己的な遺伝子 40 周年記念版』（日髙敏隆、岸由二、羽田節子、垂水雄二訳）p. 33、紀伊國屋書店
*p-5　リチャード・ドーキンス『利己的な遺伝子 40 周年記念版』（日髙敏隆、岸由二、羽田節子、垂水雄二訳）pp. 451-452、紀伊國屋書店
*p-6　アダム・スミス『道徳感情論』（村井章子、北川知子訳）p. 57、日経 BP 社

第 1 章

*1-1　シェイクスピア『ハムレット（シェイクスピア全集 1）』（松岡和子訳）p. 44、筑摩書房
*1-2　エドガー・H・シャイン『人を助けるとはどういうことか』（金井壽宏監訳、金井真弓訳）p. 64、英治出版
*1-3　エドガー・H・シャイン『人を助けるとはどういうことか』（金井壽宏監訳、金井真弓訳）p. 64、英治出版
*1-4　エドガー・H・シャイン『人を助けるとはどういうことか』（金井壽宏監訳、金井真弓訳）p. 65、英治出版
*1-5　エドガー・H・シャイン『人を助けるとはどういうことか』（金井壽宏監訳、金井真弓訳）p. 69、英治出版

第 2 章

*2-1　ジョージ・レイコフ、マーク・ジョンソン『レトリックと人生』（渡部昇一、楠瀬淳三、下谷和幸訳）p. 72、大修館書店
*2-2　ジョージ・レイコフ、マーク・ジョンソン『レトリックと人生』（渡部昇一、楠瀬淳三、下谷和幸訳）p. 71、大修館書店
*2-3　ジョージ・レイコフ、マーク・ジョンソン『レトリックと人生』（渡部昇一、楠瀬淳三、下谷和幸訳）p. 72、大修館書店
*2-4　ジョージ・レイコフ、マーク・ジョンソン『レトリックと人生』（渡部昇一、楠瀬淳三、下谷和幸訳）p. 68、大修館書店
*2-5　ジョージ・レイコフ、マーク・ジョンソン『レトリックと人生』（渡部昇一、楠瀬淳三、下谷和幸訳）p. 68、大修館書店
*2-6　ジョージ・レイコフ、マーク・ジョンソン『レトリックと人生』（渡部昇一、楠瀬淳三、下谷和幸訳）p. 68、大修館書店
*2-7　シェイクスピア『ジュリアス・シーザー シェイクスピア全集 25』（松岡和子訳）p. 116、筑摩書房
*2-8　ポール・ブルーム『反共感論』（高橋洋訳）p. 23、白揚社

著 ジェス・ベイカー Jess Baker

チャータード・サイコロジスト*、英国心理学会アソシエイト・フェロー。ヘルスケア業界でキャリアをスタートし、産業保健関連の心理職コンサルタントとして、多様な業種の企業に携わる。現在は、ウェル・ビーイングをテーマに講演や執筆をおこなっている。中でも、本書が取り上げている「助けずにはいられない人」を専門とし、オンラインプログラムは、1000人以上が受講している。

著 ロッド・ヴィンセント Rod Vincent

チャータード・サイコロジスト*、英国心理学会アソシエイト・フェロー。経営心理学のプロとして、これまで41カ国でリーダーの育成に携わってきた。作家・ミュージシャンとしての顔も持つ。

*英国心理学会公認の心理資格の総称

訳 佐藤やえ

翻訳家。薬剤師の資格を持ち、医学・医療情報の翻訳、自然科学系の書籍翻訳を手がけている。訳書に、『WHY TIME FLIES なぜ時間は飛ぶように過ぎるのか』（東洋館出版社）、『New Scientist 起源図鑑』（ディスカヴァー・トゥエンティワン）、『国際移住機関 世界移民統計アトラス』（原書房）など。

「人のため」にばかり
頑張ってきたあなたへ

2024（令和6）年 10 月 3 日　初版第1刷発行

著者／ジェス・ベイカー、ロッド・ヴィンセント

訳者／佐藤やえ

発行者／錦織 圭之介

発行所／株式会社東洋館出版社
〒 101-0054　東京都千代田区神田錦町 2 丁目 9 番 1 号
コンフォール安田ビル 2 階
（代　表）電話 03-6778-4343　FAX 03-5281-8091
（営業部）電話 03-6778-7278　FAX 03-5281-8092
振替 00180-7-96823
URL　https://www.toyokanbooks.com/

装丁・本文フォーマット／加藤愛子（オフィスキントン）

装画／星野ちいこ

印刷・製本／藤原印刷株式会社

ISBN 978-4-491-05602-9　／　Printed in Japan